개정증보판

그냥, 닥치고 하라!

Just Shut Up and DO IT!

목표 설정과 실행

개정증보판

그냥, 닥치고 하라!

Just Shut Up and DO IT!

목표 설정과 실행

브라이언 트레이시 지음

김수연, 이상진 옮김

Original Title : BULL'S EYE: The Power of Focus
Just Shut Up and DO IT!
Original Copyright © 2015, 2016 by Brian Tracy
Published by arrangement with Sourcebooks, Inc. All Rights Reserved
Korean Translation Copyright © 2020 NAMU BOOKS, Inc.
through Inter-Ko Library & IP Agency

이 책의 한국어판 저작권은 인터코에이전시를 통한 Sourcebooks, Inc.와의
독점 계약으로 주식회사 도서출판 나무에 있습니다.
저작권법에 의해 한국 내에서 보호를 받는 저작물이므로
무단 전재와 무단 복제를 금합니다.

▶ ▶ ▶

당신의 **목표**를 **정복**하기 위한 **7** 단계

1. 긍정적인 습관을 들여라.

2. 스스로 모든 책임을 받아들여라.

3. 자신감을 갖고 실행하라.

4. 분명하고 구체적인 목표를 세워라.

5. 빠른 시간 안에 업무를 완수하라.

6. 더 많이 배워라.

7. 절대 포기하지 마라.

목 차

PART I 목표 설정

INTRODUCTION: 과녁을 명중시켜라	11
CHAPTER 1. 명확성의 힘	15
CHAPTER 2. 집중의 힘	25
CHAPTER 3. 목적의 힘	41
CHAPTER 4. 몰입의 힘	53
CHAPTER 5. 탁월함의 힘	67
CHAPTER 6. 인간관계의 힘	85
CHAPTER 7. 지속의 힘	103
성공을 위한 연습 3단계	119

PART II 실행

INTRODUCTION: 승리는 승자를 위한 것이다   127

CHAPTER 8. 성공의 가장 큰 장애물   135

CHAPTER 9. 당신의 인생을 책임져라   151

CHAPTER 10. 앞으로 과감히 나아가라   165

CHAPTER 11. 진짜로 원하는 것이 무엇인지 결정하라   179

CHAPTER 12. 미루는 습관을 극복하라   193

CHAPTER 13. 평생 배우는 사람이 되어라   203

CHAPTER 14. 절대 포기하지 마라   215

SUMMARY: 살아가기에 가장 좋은 시간이다   223

저자에 대하여   226

PART I
목표 설정
BULL'S EYE: The Power of Focus

INTRODUCTION
과녁을 명중시켜라

현재 우리는 역사상 가장 풍요로운 시대에 놓여 있다. 경제적 불황이 잠깐씩 왔다 가긴 했지만, 생각해보면 오늘날처럼 무궁무진한 기회의 장이 열려있던 적은 단 한 번도 없었다. 지금은 사람들이 설정할 수 있는 목표와 그러한 목표를 성취할 기회들이 넘쳐나는 시대이다.

100세대 이전의 과거보다 지금 당신은 스스로 잠재력을 더 마음껏 그리고 자유롭게 뽐낼 수 있다. 한 가지 분명한 사실은 당신이 잠재된 가능성을 개발시키면 시킬수록 앞으로 발전시킬 수 있는 잠재 가능성 또한 더 높은 수준으로 개발된다. 왜냐하면, 인간의 뇌는 계속 학습할수록 그 능력과 용적량이 함께 확장되기 때문이다.

당신이 현재 버는 수입의 배를 벌지 못할 이유는 없다. 아니 그보다 많은 다섯 배 또는 여섯 배를 버는 것 또한 가능하다. 당신보다 재능이 뛰어나지 않고 제대로 교육조차 받지 않은 그 누군가는 이미 당신이 꿈꾸는 수입을 벌어들이고 있다. 다른 사람이 한 것이라면 당신도 충분히 할 수 있다. 다만 그 방법을 제대로 안다면 말이다.

명확성, 집중, 그리고 몰입

당신은 지금까지 살면서 성취한 것의 배 이상을 성취할 능력을 이미 갖추고 있다. 다만 그러기 위해서 당신도 할 일이 있다. 삶에 '명확성, 집중, 몰입' 이 세 가지 요소를 깊이 뿌리내리게 하는 것이다.

우선 스스로 누구인지 그리고 자신이 무엇을 원하는지를 명확히 이해해야 한다. 자기 자신을 제대로 이해한 후에야 자신에게 가장 중요한 목표가 무엇이며 지금 당장 해야 하는 일이 무엇인지를 알 수 있다. 마지막으로 할 일은 전력을 다해 스스로 정한 목표를 향해 돌진하는 것이다.

크게 성공한 사람들은 자신의 목표를 달성하기 위해 실제로 위에서 말한 세 가지 요소들을 제대로 활용했다. 그리고 그 결과로 남과 다른 무언가를 만들어냈다.

다행히 이 책을 읽는 당신도 꾸준한 연습과 반복적인 훈련을 통한다면 3가지 요소들을 스스로 뇌에 각인시키고 동시에 체화할 수 있다. 강도 높은 운동과 몰입을 통해 신체의 근육을 단련하는 것과 마찬가지로 정신적 기술들도 반복적 훈련을 통해 습득될 수 있다.

당신은 삶에서 당신이 할 수 있는 훌륭하고 멋진 어떤 것들을 달성하려고 할 것이다. 또한, 당신이 하는 모든 것에서 과녁의 정중앙(bull's-eye: 목표물의 중심)을 맞추는 것으로 큰 점수를 내기 원할 것이다.

앞으로 페이지를 한 장 한 장 넘기면서 어떻게 하면 성공을 향한 당신의 그 열망을 현실로 이루어낼 수 있는지 보게 될 것이다. 제대로 숙지만 한다면 많은 사람이 평생에 걸쳐 이루어내는 것들보다 더 많은 것을 당신은 단 몇 달 만에 이루어낼 수도 있다. 이제 시작이다.

많은 사람들이 평생에 걸쳐 이루어내는 것들보다 더 많은 것을 단 몇 달 만에 이루어내라!

CHAPTER 1

명확성의 힘

1899년 11월 13일, 하워드 힐Howard Hill이라는 남성이 미국 펜실베이니아에서 태어났다. 그는 이후에 아주 대단한 사람으로 거듭난다. 스포츠를 좋아했던 하워드는 야구와 축구에 재능을 갖고 있었다. 그러나 얼마 지나지 않아 그는 스스로 야구와 축구에 재능이 있기는 했지만, 그것이 국가대표 선수로 활약할 만큼의 재능은 아니라는 것을 깨달았다. 그래서 그는 야구와 축구를 그만두고 양궁으로 주 종목을 옮겼다. 당시 양궁은 다른 스포츠에 비해 경쟁이 그다지 치열한 종목은 아니었다.

  양궁을 선택한 것은 하워드가 지금껏 내린 결정 중 가장 잘한 일이었다. 하워드는 마치 양궁을 위해 태어난 사람 같았다. 경기에 참가한 이래로 수년간 연속으로 196번이나 승리를 거머쥐어 챔피언이 되었다. 다른 선수들은 기껏해야 일생에 한두 번 정도 얻는 영광을 하워드는 무려 196번이나 얻었다. 그는 세계 최고의 양궁선수가 되었다. 심지어 화살의 정확성을 높이고 더 멀리까지 날려 보내기 위해 자신만의 기다란 활을 특별 제작하기도 했다.

하워드는 현재 역사상 가장 뛰어난 양궁선수로 평가받는다. 경기에 출전하면 다른 선수들은 거의 당연하다는 듯이 그의 승리를 예상했다. 함께 경기에 참가하는 선수들조차 하워드가 있으면 1등 자리는 바라지도 않고 대신 2등이나 3등을 노렸다.

당신도 챔피언이 될 수 있다

하워드가 세계에서 가장 뛰어난 궁수인 것은 사실이나 당신도 활과 화살 그리고 웬만큼 활을 쏠 줄 아는 실력을 갖추고 있다면 그를 충분히 이길 수 있다. 단, 하워드가 목표물을 볼 수 없다는 전제하에 말이다.

하워드 힐이 경기에 나갔는데 정작 목표물이 담요나 천에 가려져 보이지 않는다고 가정해 보자. 그가 아무리 재능이 있고 경험이 풍부하다 해도 목표물이 어디에 있는지 알지 못하면 그것들은 결국 다 무용지물이 되어버린다. 지그 지글러 Zig Ziglar의 말을 인용하자면

"당신은 당신이 볼 수 없는 목표는 절대 성취할 수 없다."

이는 당신에게도 똑같이 적용되는 말이다. 스스로 원하는 것이 무엇인지 명확하게 알기 전에는 당신은 인생이라는 경기에서 결코 승리를 거머쥘 수 없다.

당신의 목표는 무엇인가?

이상한 나라의 앨리스를 쓴 작가 루이스 캐럴Lewis Carroll이 한 유명한 말 중에 이런 말이 있다. "지금 스스로 어디로 향해 가는지 알지 못하면 어떤 길을 택하던 그 위에서 길을 잃고 말 것이다."

토마스 칼라일Thomas Carlyle은 이렇게 말했다. "분명한 목표가 있는 사람은 가장 험난한 길 위에서도 전진해 나아갈 수 있다. 그러나 목표가 없는 사람은 가장 평탄한 길 위에서도 아무런 발전을 이룰 수 없다."

당신 스스로가 어떤 사람인지 - 무엇을 좋아하고 싫어하는지, 무엇을 원하는지, 그리고 당신의 목표와 목적이 무엇인지 - 더 명확하게 알수록 어떠한 환경적인 어려움도 극복해낼 수 있다.

당신에게 가장 가치 있고 중요한 일은 무엇인가? 나 자신도 이 질문에 쉽게 답하지 못했다. 그리고 한참을 고민한 뒤에 내가 내린 결론은 **생각**thinking이었다.

CHAPTER 1. 명확성의 힘

생각은 가장 중요한 개념이기 때문에 당신이 할 수 있는 가장 높은 강도의 노동이다. 생각이라는 개념은 어떤 일에 심각한 잠재적 결과를 초래할 수 있을 정도로 중요한 것이다. 또 어떤 일에는 미미하거나 어떤 가능성도 없는 결과를 초래할만큼 중요하지 않다.

결과를 가정하고 행동하라

시간 관리에서 가장 중요하게 해야 할 일 중 하나가 바로 어떤 일을 하거나 하지 않음으로써 발생할 수 있는 기회비용에 따라 우선순위를 정하는 것이다. 성공하는 사람들은 기회비용에 따라 우선순위를 정하는 데 아주 능숙한 사람들이다. 이들은 중요도가 높은 일에 더 많은 시간을 할애한다. 중요도가 높을수록 그들의 미래에 미칠 영향력 또한 크기 때문이다. 반면 자신의 인생에서 성공의 열매를 맛보지 못하고 스스로가 불행하다고 느끼는 사람들은 중요도가 다소 떨어지는 일에 그들 시간의 대부분을 할애한다.

당신의 미래에 가장 큰 영향력을 발휘할 수 있는 활동은 놀랍게도 '생각'이다. 당신 생각의 질이 곧 당신이 내리는 선택의 질에 직접적인 영향을 미칠 수 있기 때문이다. 다음으로 어떤 선택을 하느냐가 곧 행동에 직접적인 영향을 미치고 그 다음 연쇄적으로 당신의 행동은 당신이 미래에 이룰 수 있는 성취와 결과에 직접적인 영향을 미친다.

　엄밀히 말해 인생은 결과가 전부다. 인생 마지막에 당신을 평가하는 기준은 그 동안 이루어낸 성취와 결과이다. 그리고 당신이 만들어내는 성취와 결과의 질은 대부분 당신이 지금 하는 생각에 지배받는다. 이미 말했듯, 생각은 곧 행동으로 이어지고 행동은 또 결과로 이어지기 때문이다.

확률의 법칙

간단히 말해 당신의 목표는 분명 스스로 인생에서 중요하다고 여기는 부분에서 가장 높은 단계의 성취를 이루어내는 것이다. 다행히 당신은 앞으로 이루어낼 성취와 미래를 철저히 당신 뜻대로 이끌어 갈 수 있다. 당신은 그럴만한 잠재력을 충분히 가지고 있다. 단 어떤 일을 특정한 방식으로 반복해서 해야 한다. 반복해서 하고자 하는 일을 계속하면 당신은 고소득을 올리며 더욱 만족스러운 삶을 살 수 있다. 반복해서 하는 일은 당신 개인의 성공 확률을 높일 것이다.

　확률의 법칙에 따르면 당신이 바라는 모든 것은 그대로 이루어질 수 있고, 그 가능성은 놀라울 만큼 정확하게 계산되고 또 예측될 수 있다. 당신이 어디에서 무엇을 하든 과거 그 분야에서 성공을 거둔 다른 사람들이 했던 행동들을 반복해서 시도함으로써 당신 또한 그에 따르는 혹은 그 이상의 성공을 거둘 수 있다. 이것을 안 것만으로도 당신은 아주 위대한 발견을 한 것이다.

과녁의 중심 맞추기

다트와 다트판을 한번 떠올려보라. 과녁의 중심을 맞추면 당신은 50점을 획득할 수 있다. 다트가 바깥 원으로 하나씩 비켜 나갈 때마다 점수는 10점씩 낮아진다. 40점, 30점, 20점, 10점, 그리고 마지막 0점까지.

다트를 던지는 사람이 있다고 상상해보자. 그는 다트를 던져본 경험이 거의 없는 사람이다. 당연히 기술도 없어서 처음에는 매우 미숙하다. 이미 그는 술집에서 맥주를 몇 잔 걸친 상태이고 술집 안의 조명은 매우 어둡고 컴컴하다. 다트판과 그의 거리는 대략 1m 정도이다. 그는 곧 다트를 던지기 시작한다. 계속해서 그리고 끊임없이.

확률의 법칙 때문에 그가 계속해서 다트를 던질 경우, 지금보다 더 나쁜 환경에 있더라도 결국 언젠가는 다트 정중앙을 맞출 것이다.

최상의 경우를 희망하라

가령 무제한의 공급으로 매시간, 매일, 매주, 매월, 매년 동안 다트를 계속 던진다면, 결국 정중앙을 명중시킬 수 있다.

　많은 사람이 그저 그런 삶을 산다. 또한 '큰 한방'을 꿈꾼다. 사람은 살면서 적게는 수십 가지에서 많게는 수백 가지씩 다른 일을 시도하고 도전한다. 그들은 인생이라는 다트판 위에서 끊임없이 다트를 던진다. 하지만 대다수의 사람은 중간에 포기하거나 평범한 삶에 안주한다. 그들은 인생이라는 게임에서 과녁의 중심을 맞출 능력도 재주도 갖지 못한 채 "그럴만한 가치가 없어"라고 결론을 내린다.

확률 높이기

만약 같은 선수가 다른 전략을 쓴다면 어떻게 될까? 만약 매우 진지하게 인생이라는 게임에서 과녁의 중심을 맞추고 승리하기를 바란다면 어떻게 할까? 다트판의 정중앙을 명중시키는 것을 정말 간절히 원한다면 그는 목표를 이루기 위해 도움을 줄 수 있는 전문가에게 찾아가 비법을 구하거나 훈련을 받을 것이다. 정신이 산만해지거나 쉽게 지쳐 술을 몇 잔 들이켜는 대신 그는 충분한 휴식과 명석함을 얻을 것이다. 다트판이 밝게 보이고 그다지 멀리 떨어져 있지 않음을 깨닫게 된다.

이제 그가 과녁을 명중시킬 확률이 얼마나 될까? 달라진 태도와 의지로 인해 확률은 이전보다 훨씬 높아져 있을 것이다.

그에 더해 다트를 끊임없이 반복해서 던진다면 어떻게 될까? 다트를 계속 던지면서 매번 던지는 각도를 조절하고 정확도를 높이기 위해 자세를 수정해 준다면? 그리고 포기하지 않는다면? 과연 무슨 일이 벌어지겠는가?

승리는 예측할 수 있다
위의 조건들을 모두 충족시키면 거의 100%의 확률로 그는 과녁을 명중시킬 것이다. 과녁을 한번 맞히고 나서도 끊임없이 연습하고 실력을 향상하기 위해 노력한다면 후에는 어떤 상황에서도 최고의 실력을 뽐내며 과녁을 반복적으로 명중시킬 수 있다. 이것은 모든 게임에 적용되는 법칙이다. 승리에 다가가기 위해 반복적으로 자신의 상태를 확인하면서 계속 시도하는 것은 모든 게임에서 이길 수 있는 불변의 법칙이다.

당신도 인생이라는 게임에서 승자가 될 수 있다. 당신이 가고자 하는 길에서 이미 성공을 거둔 누군가가 한 일을 반복적으로 똑같이 하면 당신도 똑같은 성공을 거둘 수 있다.

우선은 목표가 무엇인지 분명하게 아는 것이 중요하다. 스스로가 어떤 사람인지, 진정으로 원하는 것은 무엇인지, 그리고 원하는 것을 얻고 원하는 곳으로 가기 위해서 어떤 단계들을 거쳐야 하는지를 분명히 알고 있어야 한다. 그래야 스스로 목표가 무엇인지도 분명하게 볼 수 있다.

당신은 인생에서 큰 성공을 하기 위해 할 수 있는 모든 것을 다 해보아야 한다. 이러한 시도는 과녁의 중심을 맞추는 (목표를 달성하는) 다음 단계로 우리를 이끌 것이다.

> "
> 분명한 사실은
> 눈으로 **볼 수 없는** 목표물은
> 절대로 맞출 수 없다는 것이다.
> "

지그 지글러 Zig Ziglar

CHAPTER 2

집중의 힘

"성공은 곧 목표이고, 그 이외의 모든 것은
부수적인 것들에 불과하다."

- 엘로이드 코난트 Lloyd Conant

과녁을 명중시키기 위해선 우선 맞추고자 하는 과녁이 무엇이고 또 그것이 어디에 있는지를 알아야 한다. 우선은 자신의 인생에서 반드시 이루어낼 궁극적 목표를 설정하라. 그것은 다른 어떤 목표보다 훨씬 더 중요하고 궁극적으로 도달하고자 하는 지점과 맞닿아 있어야 한다. 궁극적으로 이루고자 하는 목표를 설정하는 것이 바로 성공을 위한 시작이다.

목표를 정하는 단계는 단순하면서 동시에 강력하다. 어떤 목표를 설정하느냐에 따라 당신의 삶이 바뀔 수 있다. 목표 설정 단계는 7단계로 이루어진다.

1단계

당신이 원하는 것이 무엇인지 분명히 결정하라. 이 단계에서는 자신에게 어떠한 한계도 없다고 가정하라. 당신은 목표를 이루는 데 필요한 모든 재능과 능력, 지식과 기술을 가지고 있다. 필요한 경우 동원할 수 있는 충분한 인맥과 돈 그리고 자원까지 확보되어 있다고 상상하라.

한계가 없다는 가정하에 생각하는 연습을 해라. 과거는 잊어라. 이전에 당신이 어떤 문제와 한계에 부딪혔었는지 상관없다. 당신의 미래가 부딪힐 수 있는 한계는 오직 당신의 상상력뿐이다. 상상력에는 한계가 없으니 당신의 미래에도 한계가 없다고 생각해야 한다.

구체화시켜라

1. 당신이 원하는 것을 구체적으로 생각하라. 원하는 것을 구체적으로 상상하는 것만으로도 당신은 전체 인류의 80%와 다른 길을 걷게 될 것이다. 일반적으로 80%의 사람들은 그들이 스스로 원하는 것이 무엇인지 제대로 알지도 못한 채 살아간다.

2. 아인슈타인은 이렇게 말했다. "단순한 단어로 설명할 수 없다면 당신은 스스로가 설명하고자 하는 개념에 대해 충분히 알지 못하고 있다."

3. 사람들에게 "목표가 있습니까?"라고 물어보라. 그들 대다수는 "물론 있지요!"라고 대답할 것이다.

4. 하지만 실제로 그들에게 목표가 무엇인지 물어보면, "나는 부자가 되고 싶소, 날씬해지고 싶어요, 행복하게 사는 게 목표입니다, 좋은 집과 좋은 차 그리고 좋은 옷들을 갖고 싶네요, 여행하고 싶죠"와 같은 말들을 늘어 놓는다.

5. 하지만 이런 것들은 목표가 아니다. 목표라기보다는 한낱 소망이고 꿈에서 볼 법한 환상에 불과하다. 소망은 잠재적으로 아무런 힘이 없는 목표에 불과하다.

사람들은 목표를 설정하지 않는다

가장 비극적인 것은 사실상 대부분의 사람이 그저 한낱 소망을 자신들의 목표로 착각하며 살아간다는 사실이다. 결과적으로 사람들은 구체적이지 않고 분명하지 않은 자신의 목표를 세우기 위해 책상 앞에 앉는다. 이러한 이유로 보통의 사람들은 자신들이 이루어낼 수 있는 것의 반도 채 이루어내지 못한다.

2단계

목표를 정했다면 그것을 종이 위에 써라. 그리고 그 목표들을 수치화시켜라. 전 세계 인구의 3%만이 실제로 이 작업을 한다. 하버드와 예일대학에서 진행한 연구에 따르면, 자신의 목표를 종이 위에 써내려 갔던 사람은 목표를 가지고 있지 않았던 사람이나 종이에 쓰지 않았던 사람보다 평균적으로 10배 이상의 고수익을 올렸다.

    스스로 목표를 적어 내려가는 것만으로도 당신은 소수 3% 안에 들 수 있다. 목표를 적으면 '끌어당김의 법칙'이 작용한다. 끌어당김의 법칙은 당신이 목표를 이루는 데 필요한 사람과 아이디어 그리고 모든 필요한 자원을 당신 곁으로 끌어온다. 자연스럽게 당신은 목표에 가까이 다가가게 된다.

3단계

기한을 정하라. 당신의 잠재의식 속 컴퓨터에 정확히 언제 목표를 이루어내고 싶은지를 입력하라. 우리의 잠재의식은 설정된 기한을 좋아한다. 마감 시간은 당신이 그것을 의식  하든 하지 않든 간에 하루 24시간 내내 당신을 목표를 향해 달려가도록 채찍질하는 역할을 한다.

당장 이루어내기 힘든 목표라면 그것을 작게 쪼개어 쪼개진 목표에 각기 다른 기한을 부여하라. 1년짜리 목표를 정했다면 그것을 달 단위로 쪼개어 기한을 정해 둘 수 있다. 때에 따라 주 단위로 쪼개어 기한을 정해 두는 것도 좋다.

만약 당신이 정해진 기간 안에 목표를 달성하지 못한다면 어떻게 하는가? 이에 대한 해답은 간단하다. 기한을 약간 수정해 또 다른 기한을 만들어내면 된다. 필요할 때마다 기한은 수정할 수 있다. 기억하라. 이 세상에 비현실적인 목표는 없다. 단지 비현실적인 기한만이 있을 뿐이다.

때로는 생각했던 기한보다 더 일찍 목표를 달성할 수도 있고 생각했던 기한을 넘겨서 목표를 이룰 수도 있다. 그러나 그보다 중요한 것은 마음속에 정해둔 분명한 목표와 그 목표를 이루려는 때를 잊지 않는 것이다.

4단계

목록을 만들어라. 목표를 이루기 위해 당신이 해야만 하는 모든 일을 적어보라. 한쪽에는 목표달성에 필요한 기술들과 당신이 알고 있어야 하는 지식을 파악해서 적어보고 다른 한쪽에는 당신이 목표까지 향해가는 데 극복해야 할 장애물들을 파악해서 적어보라. 그리고 목표달성에 필요한 도움을 줄 수 있는 사람들을 파악해서 그 밑에 적어보라.

목록을 작성하는 과정 자체가 매우 중요하다. 당신이 스스로 현재 수입의 두 배를 벌거나 경제적으로 자립하겠다는 것과 같은 큰 목표를 세울 때, 처음에는 그것이 너무나 버겁고 벅차게 느껴질 수 있다. 그래서 목표를 이루려고 시도조차 해보기 전에 이내 좌절해버릴 수도 있다.

하지만 목표를 이루기 위해 당신이 할 수 있는 모든 일을 세밀하게 적어보면, 목표를 이룰 가능성 또한 함께 높아지게 된다. 처음에는 "나는 이 목표를 전부 이루기 어려울지 몰라."라고 생각하다가 "하지만 적어도 이건 할 수 있을 것이고 그 다음에는 이걸 할 수 있을 거야."라고 생각하게 될 것이다.

헨리 포드Henry Ford는 이렇게 말했다. "부분들로 작게 쪼개면 어떤 일도 특별히 어렵지 않다."

계속 당신이 할 수 있는 일이 무엇이 있을지 생각해서 목록을 추가해라.

5단계

4단계에서 만들었던 목록으로 계획을 짜라. 프로젝트를 맡아서 처리할 때처럼, 일의 중요도와 진행될 순서에 맞추어 목록을 체계화시켜라.

일에는 순서가 있다. 순서는 무엇을 먼저하고 또 무엇을 나중에 하느냐의 문제이다. 첫 단계에서 어떤 것을 하고 그 다음 두 번째 단계에서 무엇을 하고 이렇게 연쇄적으로 할 일을 정리해서 체계화시켜야 한다.

일이 진행되는 순서에 맞춰서 달성한 일은 V로 표시하고 지우는 습관을 들여라. 학교나 직장에서 중요한 프로젝트를 맡아 진행하는 것과 마찬가지로 일을 순서대로 체계화하고 일이 진행되어감에 따라 달성한 것들을 하나씩 지워가는 습관을 들이는 것만으로도 성공 가능성을 10배 이상 높일 수 있다.

또한, 작성한 목록을 중요도에 따라 나누는 작업을 해야 한다. 중요도에 따라 목록을 작성할 때는 2:8 법칙을 이용하라. 목록의 상위 20%가 중요도를 놓고 보았을 때 당신이 달성하고자 하는 목표의 80%를 차지하도록 하라. 즉, 20%의 일을 하는 것으로 80%의 성과가 이미 달성되도록 작성하라.

순서와 중요도에 따라 목록을 제대로 작성했다면, 이제 당신에게는 최적의 계획표가 하나 생긴 것이다. 어떤 목표든 같은 방식으로 계획표를 짤 수 있다. 목표와 그에 따른 계획표를 가지고 있는 사람은 과녁을 맞히는데 필요한 장비를 모두 갖춘 궁수나 다트 던지기 선수에 비견될 수 있다.

6단계

이제 행동할 단계이다. 목록에 적어 놓은 계획을 실행에 옮겨라. 계획이 무엇이든 어떤 것이든 일단 하라. 아인슈타인이 말했던 것처럼 "무엇이든 움직이지 않으면, 아무 일도 일어나지 않는다."

마찬가지로 당신이 행동하지 않는다면 아무 일도 일어나지 않을 것이다. 우선은 무엇이든 첫걸음을 떼야 한다. 성공으로 가는 길은 단순하다. 용기를 내어 대다수 사람이 가지고 있는 관성을 타파하고, 우선 첫걸음을 내딛는 것이다.

행동하라

목표를 향해 나아가는 길 위에서 우선 첫걸음을 떼면, 놀라운 일 3가지가 동시에 일어난다.

첫째로, 제대로 된 방향으로 가고 있는 것이 맞는지 확인할 수 있다. 누군가의 조언이나 스스로 반추를 통해 자연스럽게 목표를 향한 궤도수정을 하는 것이 가능해진다. 궤도수정을 통해 목표로 나아갈 수 있는 가장 빠른 길을 찾는 것 또한 가능해진다.

둘째로, 첫걸음을 내디디면, 다음 단계로 넘어가는 것이 훨씬 수월해진다. 한번 실행에 옮기면 이 다음부터는 무엇을 해야 하고 또 할 수 있는지 계속해서 아이디어가 샘솟을 것이다.

셋째로, 실행에 옮기고 나면 자신감이 상승한다. 스스로가 더욱 강하고 긍정적으로 변해감을 느낄 것이다. 자연스럽게 자존감도 함께 높아진다. 높아진 자존감으로 당신은 앞으로 더 많은 목표를 이룰 수 있다고 느낄 것이다.

당신은 언제나 첫걸음을 볼 수 있다

목표를 정하면, 첫걸음을 어떻게 내디뎌야 하는지 볼 수 있다. 첫 걸음을 내디딜 수 있는 용기를 낸다면 그 다음 걸음을 어떻게 내디 뎌야 하는지 볼 수 있을 것이다. 두 번째 걸음을 딛고 나면, 그 다음 세 번째 걸음을 딛는 방법이 보일 것이다. 이렇게 한 번에 한 걸음 씩 내딛다 보면 마침내 인생에서 궁극적으로 이루고자 하는 목표를 이룰 수 있다. 그리고 목표를 이루고 나서도 언제나 다음 걸음이 향하는 방향을 볼 수 있을 것이다.

7단계

자신의 가장 중요한 목표를 향해 나아가는 길 위에서 성취하기 위한 행동을 매일 하라. 무언가를 매일 한다면 그것이 얼마나 사소한 행동이든 언젠가 그 사소한 행동들이 모여 결국 성공을 향한 전환점이 될 것이다.

　전환점이 한 번 찾아오고 나면, 성공을 향해 나아가는데 가속도가 붙기 시작한다. 목표를 향해 더욱 빠르게 나아가는 자신을 발견함과 동시에 목표가 점점 당신에게 빠른 속도로 다가오고 있음을 느낄 것이다. 아마도 가장 단순하지만 동시에 가장 강력한 힘을 지닌 성공의 법칙은 우선 시작하고 그것을 포기하지 않고 계속 밀고 나가는 것이 아닐까 생각한다.

주요 목표를 정하라

10가지 목표 정하기 방식을 이용하라. 방법은 간단하다. 우선 깨끗한 종이 한 장을 꺼내서 '목표'라고 글자 두 개를 적어라. 그 옆에는 오늘의 날짜를 적어라. 그러고 나서 다음 열두 달 동안 이루고 싶은 목표 10가지를 적어라.

특별한 공식: 3P

앞으로 목표를 적을 때는, 늘 이제부터 소개할 특별한 공식에 먼저 대입하라. 이 공식에 대입함으로써 당신은 무의식적으로 당신의 목표에 더 가까이 다가갈 수 있을 것이다. 공식은 바로 3P이다. 당신이 설정하는 목표가 포함된 문장이 항상 1) Personal : 자기 자신을 주어로 하며, 2) Positive : 긍정적인 표현으로, 3) Present : 현재시제로 쓰여야 한다. 마치 당신이 이미 목표한 바를 이루어 낸 것처럼.

자기 자신을 주어로 설정해야 한다는 말은 목표에 언제나 자기 자신을 포함시키라는 말이다. 예를 들어, "나는 얼마의 돈을 번다",

"나는 이 정도의 차를 몬다", "나는 ~을 성취한다" 등과 같은 형식으로 목표를 설정하라는 의미다.

모든 목표는 긍정적으로 표현하라. "나는 담배를 끊을 것이다"라고 말하는 대신 "나는 비흡연자이다"라고 말하라.

그리고 마지막으로 모든 목표를 현재시제로 만들어라. 시간이 지나 당신이 이미 목표한 바를 이루었다는 가정하에 목표를 작성하라. 당신이 바라고 목표하던 바가 이미 당신의 눈앞에 놓여있는 현실이라고 보는 것이다.

현재 수입의 두 배를 벌 수 있다

만약 당신의 목표가 현재 수입의 두 배를 벌어들이는 것이라면, 정확히 두 배의 금액에 달하는 목표 액수와 함께 "나는 매년 이 만큼의 돈을 번다"라고 적어라.

그리고 그렇게 쓴 목표 옆에 자신만의 기한을 정해 같이 적어라. 예를 들어 "나는 XX,XXX원의 돈을 올해 말까지 번다"와 같이 적는 것이다.

목표를 적을 때 자신을 주어로 놓고, 현재시제의 긍정문으로 만들면 당신의 잠재의식은 무의식적으로 계속 목표를 24시간 내내 스스로 상기시키며 목표를 이룰 수 있게끔 재촉하는 역할을 한다.

많은 사람이 단순히 책상 앞에 앉아 앞서 소개한 공식에 맞춰 목표를 작성하는 것만으로 단기간 내에 인생에서 큰 변화를 경험했다.

가장 중요한 목적

다음 열두 달 안에 이루고 싶은 목표 10개를 적었다면, 이제 다음 단계로 갈 수 있다.

당신에게 마법 지팡이가 있다고 상상하라. 당신이 그 마법 지팡이를 이용해 적었던 목표를 조만간 모두 이루어낼 수 있다고 상상해보라(단, 그것을 진정으로 원하고 있어야 하고 동시에 행동에 옮길 의지가 있어야 한다). 그리고 가지고 있는 마법 지팡이를 휘둘러 지금부터 24시간 안에 가지고 있는 10개의 목표 중 하나를 바로 이룰 수 있다.

질문 하나만 하자. 만약 당신의 인생 중에서 진짜로 24시간 안에 가장 중요한 단 하나의 목표를 이룰 수 있다면, 지금 당장 무엇을 이루고 싶은가? 무엇이라고 대답하든 그것이 당신의 인생에서 가장 중요한 목표이다. 그 궁극적 목표를 중심으로 당신은 인생을 설계할 것이다.

인생을 구성하는 많은 영역에서 각기 다른 목표를 가지고 있을 수 있다. 하지만 목표 가운데서도 다른 목표들보다 확연히 더 중요한 목표를 구별해서 세워야 한다.

가장 큰 목표 달성하기

깨끗한 종이 한 장을 꺼내라. 종이 맨 위에 자신을 포함해 긍정적 표현으로 현재시제의 목표 문장을 적어라. 그리고 거기에 기한을 설정하라.

예를 들어, "나는 1억 원을 12월 31일까지 번다."라고 적는 것이다. 그리고 이 목표를 이루기 위해 당신이 할 수 있는 모든 것들을 적어보라. 목표를 이루기 위해 무엇을 배워야 하는가? 목표를 이루는데 맞닥뜨릴 수 있는 장애물에는 어떤 것들이 있는가? 누구의 조력이나 도움이 필요할 수 있겠는가? 그리고 당신이 정한 목표를 이루기 위해 매일 할 수 있는 일은 무엇이 있는가? 이 같은 질문들을 던져보라.

이 질문들에 답하고 나면 바로 무언가를 행동에 옮길 수 있다. 목표를 이루기 위해 할 수 있는 일들을 리스트 형태로 적은 다음 리스트 안에 있는 항목 중 하나라도 시도해 보라.

오늘부터, 당장 당신이 가장 중요하다고 생각하는 목표에 조금씩이라도 근접해 갈 수 있는 무언가를 매일 하라.

놀라운 사실은 당신이 궁극적으로 정해 놓은 목표를 향해 달려가면서 매일 무언가를 하기 시작하면, 동시에 다른 목표들에도 조금씩 근접해 갈 수 있다는 사실이다. 하나의 목표에 집중해 달려가기 시작하면 동시에 다른 목표들 스스로가 조금씩 가까워지고 있음을 발견할 것이다.

10개의 목표를 적고 그 중 당장에라도 이루고 싶은 목표를 하나 정한 다음에 그 다음 목표를 향해 가기 위한 계획을 세워라. 그리고 그 계획 안에서 무엇이든 매일 하라. 그렇게 함으로써 당신의 인생은 180도 변할 것이다. 그리고 마침내 이루고자 하는 목표를 이룰 것이다. 당신이 생각하던 때보다 훨씬 이른 때에.

지금 당장 **목표**를 위해 무엇이든 하라.
당신의 리스트에 있는 일을 하나라도
시작함으로써 첫 걸음을 내디뎌라.

CHAPTER 3

목적의 힘

인간은 깊은 심연에서부터 본능적으로 삶의 의미와 목적을 간절히 바라는 존재이다. 마크 트웨인Mark Twain은 "인생에서 가장 중요한 날은 당신이 태어난 날이고 그 다음으로 가장 중요한 날은 왜 태어났는가에 대한 해답을 찾은 날이다."라고 말했다.

당신은 무언가 멋진 일을 해내기 위해 이 지구라는 별에 떨어졌다. 그런데 과연 그것이 무엇인가? 웨인 다이어Wayne Dyer는 "모든 아이는 각자의 비밀 지령을 갖고 태어난다."고 말했다. 그렇다면 당신의 비밀 지령은 무엇인가?

모든 사람은 이 세상에서 그들만이 할 수 있는 특별하고 고유한 역할을 하나씩 가지고 태어난다. 다시 말해, 이 세상에 쓸모없는 사람은 단 한 명도 없다. 각자가 그 나름대로 어떤 방식으로든 인생에서 채울 수 있는 영역이 분명 있다.

심리학 분야에서 한 획을 그었던 에이브러햄 매슬로우Abraham Maslow는 인간에게 두 가지 종류의 욕구가 있다고 밝혔다. 하나는 결핍의 욕구이고 또 다른 하나는 존재의 욕구이다.

결핍의 욕구는 불안, 의심, 걱정 또는 해결되지 않은 갈등으로 이루어져 있다. 이들 욕구는 사람의 잠재가능성에 제동을 걸고 무언가를 시도하거나 도전하려고 하면 그것을 하지 못하도록 제어하는 역할을 한다. 매슬로우 박사에 따르면 무려 전 세계 인구의 98%가 결핍의 욕구 같은 정신적 장애 때문에 스스로 잠재력을 제대로 알지 못한 채 살아간다.

존재의 욕구는 자아실현에 대한 욕구로 정의될 수 있다. 자아실현을 하는 사람은 자신에 대한 만족도가 높고 스스로 끊임없이 발전시키기 위해 노력한다.

이 두 가지 욕구와 관련해서 매슬로 박사가 내린 결론은 바로 결핍의 욕구에서 자유로워지면 존재의 욕구를 실현하는 것이 가능해진다는 것이다. 월트 휘트먼Walt Whitman은 이렇게 말했다. "밝은 빛을 향해 계속 얼굴을 내밀어라, 그러면 그대를 가리던 그림자가 곧 머리 뒤로 사라져 갈 것이다."

자신을 위한 선언문

스스로 잠재력을 깨닫고 목표를 이루기 위해서는, 인생에 목적이 있어야 한다. 당신 자신보다 더 크고 중요하다고 생각되는 무언가에 스스로 헌신해야 한다. 앞으로 당신에게 필요한 것은 바로 1) 가치, 2) 비전, 3) 목적, 4) 임무, 5) 목표 이렇게 다섯 가지이다.

다섯 가지

당신만의 가치를 세워라. 당신이 하는 모든 행동의 바탕을 이루며 어떤 일이 있어도 흔들리지 않는 중심을 잡아줄 그리고 다른 그 어떤 것과도 타협하지 않을 가치가 있어야 한다. 뛰어난 사람은 자신만의 분명한 가치 기준을 가지고 있으며 실제 생활에서 그 가치를 적용한다. 당신의 가치관 그리고 그 가치를 고집하는 정도가 당신이라는 사람의 본질을 결정할 것이다.

 다음으로 당신에게 필요한 것은 비전이다. 비전이란 미래에 대한 분명한 청사진이다. 미래에 대한 선명한 그림은 당신 마음대로 구상하는 것이기 때문에 모든 면에서 완벽하다. 따라서 이 비전 하나만으로도 당신의 마음은 흥분으로 가득 찰 수 있다. 미래에 대해 분명한 비전은 그 자체로 당신에게 동기부여가 되고 더 빠르게 그것을 현실화시킬 수 있도록 촉진하는 역할을 한다.

목적과 임무는 앞서 말한 가치와 비전이 자연스럽게 확장된 개념으로 볼 수 있다.

가장 중요한 것은 역시 목표다. 당신의 가치와 비전, 목적과 임무를 유기적으로 연결해 현실로 만들어낼 수 있는 역할을 하는 것이 바로 목표다. 목표는 당신이 할 수 있는 일과 해야 하는 일을 단계별로 나눈 계획으로 이루어져 있다. 당신이 최종적으로 이루고자 하는 그것이 바로 목표다.

인생에서 당신의 사명은 무엇인가?

많은 회사에서 회사의 정체성과 존재 이유를 규명하는 강령을 설정하는데 많은 시간을 투자한다. 회사 강령을 보면 그 회사가 지역사회 내에서 어떤 비전을 갖고 무슨 역할을 하고 있는지 볼 수 있다.

회사 강령은 이루고자 하는 목표, 목표를 달성하고자 하는 구체적인 방법, 그리고 목표를 얼마나 성취하였는지 보여줄 수 있는 구체적 지표, 이렇게 크게 세 부분으로 이루어져 있다.

많은 회사가 강령 설정에 많은 시간과 노력을 투입하지만, 실제 대부분 회사에서 표방하고 있는 강령은 지나치게 모호한 문장들로 이루어져 있다. 목표를 이루기 위해 매일 무엇을 할 것인지 그리고 목표를 어떻게 해서 성취할 것인지가 강령 안에 전혀 담겨 있지 않은 경우가 대다수이다. 예를 들어, 스티브 잡스Steve Jobs가 운영하던 애플의 강령은 "우주에 발자국을 남기자"였다. 이게 도대체 무슨 말인가?

    강령이 갖추어야 할 조건에 비추어보면 애플의 강령은 전혀 쓸모없는 문장이다. 강령 자체가 모호한 말로 이루어져 있었음에도 애플이 성공할 수 있었던 이유는 그들이 가지고 있던 진보적 기술에서 찾아볼 수 있다.

좋은 강령

다음은 사업에서 활용할 수 있는 괜찮은 강령의 예시다. "우리의 목표는 고객들에게 가능한 최고의 품질로 보답하는 것이다(목표). 우리는 제품 품질을 까다롭게 관리하고 끊임없이 품질개선을 위해 할 수 있는 모든 것을 시도함으로써 목표를 달성한다(방법). 고객 만족과 재구매율에 근거해 매년 판매량과 수익률이 25%씩 증가하는 것을 목표 달성의 지표로 삼는다(구체적 지표)."

    이와 같은 구체적 강령은 회사의 구성원에게 회사의 비전을 구체적으로 심어주는 동시에 각자 해야 할 역할을 명확하게 밝혀준다. 강령을 기준 삼아 모든 구성원은 자신의 역할과 책임이 무엇인지 분명히 알고 각자의 업무가 회사의 명운에 어떤 영향을 미치는지 지속해서 점검할 수 있다.

강령은 실현 가능성이 있는 목표를 제시해야 한다. 제시하는 목표에 맞추어 역할을 다하면 직원들은 가벼운 마음으로 일을 마치고 집으로 돌아갈 수 있어야 한다. 심지어 여섯 살짜리 꼬마도 회사에서 제시하는 목표가 무엇인지 오늘을 기준으로 얼마만큼 목표를 달성했는지 이해할 수 있어야 한다.

당신만의 사명을 만들어라

개인적으로 나 자신의 사명은 지난 30년간 전혀 변하지 않았다. 나의 사명은 "사람들이 그들의 목표를 더 빠르게 달성할 수 있도록 돕는 것"이다.

다른 사람이 보면 손발이 오그라들 수 있는 문장이지만, 이 간단한 문장 하나가 지금의 나를 있게 했다. 내가 하는 강연과 세미나, 온라인 학습 프로그램, 저술활동, 라디오 DJ 활동 등 직업과 관련된 모든 일을 할 때 모든 기준이 내가 30년 전에 정한 사명에 맞춰져 있다. 나는 내가 만들어낸 학습 프로그램 및 전달하는 내용을 실제 사용하는 사람의 숫자를 기준으로 계속 점검한다.

당신도 당신만의 사명을 만들 수 있다. 가족 사명, 지역사회 강령, 회사 강령 등 집단의 종류와 범위에 따라 각기 다른 강령을 만들어낼 수 있다.

스티븐 코비Stephen Covey는 가족 구성원들끼리 서로 의논하고 협의하여 현실적 조건에 맞게 함께 만드는 가족 사명의 중요성에 관해 역설한 적이 있다.

경력과 관련된 사명

당신의 직업 혹은 경력과 관련된 사명은 다음과 같은 것이 될 수 있다. "나는 나의 고객들이 내가 제공하는 서비스를 통해 더 풍성하고 나은 삶을 살도록 돕는다." 이 목표를 달성하기 위한 구체적 방법은 고객들의 필요에 지속적인 관심을 두고 서비스의 품질을 개선하기 위해 노력하는 것이다. 목표달성을 측정하는 지표는 나의 고객과 나의 수입이 매년 20% 증가하는 것으로 한다.

당신의 사명은 무엇인가? 삶의 다양한 영역에서 각기 다른 사명이 존재할 수 있다. 당신이 표방하는 사명을 구체적이고 명확하게 제시할수록 당신은 인생의 목표를 좀 더 쉽게 그리고 더 빠르게 달성할 수 있다. 당신이 삶에서 만들어내는 사명이 곧 당신이 살아가는 이유다.

올바른 질문을 하라

앞으로 사명을 설정하기에 앞서 다음 질문을 스스로 던져보라.

1. 당신이 원하는 만큼의 돈을 가지고 있다고 상상하라. 단, 돈을 갖는 동시에 어떤 일이든 스스로 완전히 몰입할 수 있는 일을 하나 가지고 있어야 한다. 이때 어떤 일을 선택하고 싶은가?
2. 당신이 진정으로 하고 싶은 일은 무엇인가? 오늘 당장 경제적으로 자립할 수 있는 상태에 놓여 있다면, 직업으로 삼고 싶은 일은 어떤 것인가?
3. 무엇을 믿고 있는가? 당신을 움직이는 가치관과 변치 않는 신념은 무엇인가? 당신이 가치 있다고 생각하여 다른 사람들과 공유하고 싶은 신념, 열정, 지식은 무엇인가?
4. 당신이 진정으로 좋아하는 일은 무엇인가? 당신에게는 특별히 다른 누구보다 어떤 방식으로든 더 돕고 싶은 사람들이 있는가? 당신이 지금 어떠한 변화라도 만들어낼 수 있다면 이 세상에 어떤 변화를 가져오고 싶은가?
5. 당신이 유명해지고 싶은 이유는 무엇인가? 다른 사람에게 어떠한 사람으로 알려지고 싶은가? 다른 사람이 당신이 없을 때 어떤 말로 당신을 평가하기를 바라는가? 당신은 어떤 사람으

로 다른 사람에게 기억되고 싶은가? 당신이 죽고 나서 올라오는 부고 기사에 어떤 말이 쓰이기 바라는가? 혹은 장례식장에서 다른 사람이 당신에 관해 어떤 말을 하기 원하는가?

6. 데일 카네기Dale Carnegie는 이렇게 말했다. "무언가 가치 있다고 느끼는 감정은 인간과 동물을 구분 짓는 가장 큰 차이다." 당신이 개인적으로 가장 가치가 있다고 여기는 것은 무엇인가?

당신의 인생에서 가장 큰 부분을 차지하는 영역은 생각의 영역이다. 인생에서 자신만의 사명을 설정할 때 가장 큰 역할을 하는 영역 또한 생각의 영역이다. 이때 이루어지는 생각이 당신의 장기적 행복과 성공에 지대한 영향을 미친다.

당신만의 사명을 직접 작성해보라

시간을 갖고 자신만의 사명을 한 번 작성해 보라. 앞으로 만들 사명이 곧 당신이 맞춰야 할 과녁이 된다. 이제 적게 될 내용 안에는 당신이 인생에서 다른 어떤 것들보다 간절히 성취하고 싶은 것과 앞으로 당신이 다른 사람의 삶에 만들어내고 싶은 변화가 담기게 될 것이다.

독자의 이해를 돕기 위해 간단한 형태의 구성을 소개한다.

나의 사명은 　　　　　　　　　이다.

　다른 사람의 삶에 가져오고 싶은 변화를 중심으로 목표를 정의 내려 보라.

목표를 달성하기 위해 사용할 방식은 　　　　이다.

　목표까지 가기 위해 어떤 일을 할 수 있는지 써내려 가라.

목표달성을 평가할 수 있는 기준은 　　　　이다.

　가장 중요한 목표 한 가지를 달성하는 데 사용할 수 있는 최적의 지표는 무엇이 있을지 생각해보라.

다른 사람을 향한 섬김

우리의 창조주는 당신을 설계할 때, 다른 사람을 위해서 헌신함으로써 스스로 좋게 느끼도록 만들었다. 당신의 자존감 및 가치관, 스스로 좋아하는 정도는 타인을 섬기고 헌신할 때 높아진다. 성경에서 이렇게 밝히고 있다. "받는 자보다 주는 자에게 영광이 있으리라."

　다른 이들을 섬기는 것을 통해 당신은 상을 받는다. 당신이 받을 상의 양과 질을 높이려면 다른 사람을 향한 섬김의 양과 질을 높여야만 한다. 일과 삶에서 가장 중요하게 던져야 할 질문은 바로 이것일 것이다. "섬김의 가치를 높이기 위해 오늘 당장 내가 할 수 있는 일은 무엇인가?"라고 말이다.

웨인 다이어는 말했다.
"모든 아이는
각자의 *비밀 지령*을 갖고 태어난다"

그렇다면
당신의 *비밀 지령*은
무엇인가?

나의
비밀 지령:

CHAPTER 4

몰입의 힘

원하는 것을 분명히 알고, 스스로 가장 중요하다고 생각하는 목표에 집중하며, 나아가 목표에 이르기 위해 한 번에 한 계단씩 집중해서 오르다 보면 당신은 반드시 표적의 정중앙을 명중시킬 수 있다.

중요한 것에 몰입하여 집중하는 능력은 평생 습관처럼 굳어질 수 있도록 꾸준한 연습을 통해 충분히 훈련해야 한다. 집중하는 능력 또한 습관이다. 요한 볼프강 폰 괴테Johann Wolfgang von Goethe는 이렇게 말했다. "모든 일은 그것이 쉬워지기 전까지 어렵기 마련이다."

나의 벗 에드 포맨Ed Forman은 이렇게 말했다. "좋은 습관을 만드는 것은 어렵지만 한 번 만들어지면 인생살이를 쉽게 만들어 준다. 반대로 나쁜 습관은 얻기 쉽지만 삶을 어렵게 만든다."

무언가에 몰입하고 집중하는 습관을 들이는 것은 분명 어려운 일이다. 그러나 그 습관이 한 번 몸에 배면 그 다음부터 집중하는 것이 어렵지 않다. 사실, 집중하지 못하는 나쁜 습관보다 한군데 집중하는 습관을 익히기가 훨씬 쉽다.

아리스토텔레스Aristotle는 말했다. "우리가 반복적으로 하는 행동이 곧 우리가 누구인지 말해준다." 우리는 일상에서 일어나는 일의 대략 95%를 습관적이고 무의식적으로, 그리고 자동반사적으로 처리한다. 좋은 습관을 형성하여 그 습관이 당신을 통제하게끔 하라.

다행히 어떤 습관이든 훈련을 통해 체득하는 것이 가능하다. 무언가를 매일 반복적으로 훈련하다 보면 그것은 어느새 숨 쉬는 것처럼 자연스러운 일상 습관이 될 것이다.

훈련이 만들어내는 것은 완벽이 아닌 습관이다.

방해요소의 유혹

오늘날 현대인들의 성공과 경력을 위협하는 가장 큰 위험요소는 끊임없는 전자기기의 자극이다. 사람들은 그로 인해 정신이 계속해서 분산되는 경향이 있다.

과거 휴대전화는 사람들에게 가벼운 수준의 주의력 결핍 장애를 선물했다. 그러나 스마트폰과 페이스북, 트위터, 유튜브, 링크드인 및 여러 애플리케이션이 발명되고부터 사람들은 언제 어디서나 저비용에 혹은 많은 경우 무료로 서로에게 24시간 연결되어 있게 되었다. 그 덕분에 역설적이게도 사람들은 중요한 일에 집중하여 일을 완수해내는 능력에 커다란 손상을 입었다.

전자기기 중독

신경과학자들의 증언에 따르면, 매번 전자기기에서 울리는 알림 소리에 반응할 때마다 당신은 반복적으로 무언가를 기대하고 희망에 차게 된다. 이때 당신의 뇌에서는 소량의 도파민이 나와 흥분작용이 일어난다. 도파민은 코카인이나 다른 흥분제에 들어있는 화학물질이다.

'딩동'하는 전자기기의 알림 소리와 함께 당신은 아침이면 이메일을 확인하고 SNS 사이트를 돌아다니면서 온갖 종류의 자극적 내용에 반응한다. 이때 당신의 뇌에서는 도파민이 분출되고, 이내 당신은 온종일 그 자극에 중독되게 된다. 그러면서 당신의 생각패턴과 뇌는 변하게 된다. 지속적으로 누군가에게 연락이 오지 않나 메시지를 확인하게 되고, 만약 아무 연락이 없으면 다른 사람들의 반응을 필요로 하는 연락을 쭉 돌린다. 메시지를 받은 다른 사람들의 뇌에서는 도파민이 흐르게 되고 이들이 당신에게 답변을 보내면서 결국 순환적으로 자극은 또 다른 자극을 낳는다.

결과가 모든 것을 말해준다

일과 삶에 있어서 성공의 가장 중요한 척도는 결과다. 결과를 만들어내기 위해서는 구체적으로 어떤 일을 시작하여 정해진 시간 내에 끝마쳐야 한다. 당신은 당신에게 주어진 일을 완수해야 한다.

주어진 일을 완수해내는 능력은 성공에서 필수 불가결한 조건이다. 당신의 업무수행에 방해되는 요소는 그것이 어떤 것이든 당신의 성공에 장애물로 작용한다.

안타까운 사실은 오늘날 많은 사람들이 어떤 종류의 지적 자극에 반응하지 않고 짧게는 단 몇 분 동안 집중하는 것조차 어려워한다는 것이다.

처음에는 시간 관리를 효율적으로 하고 정신을 한 군데 몰입하는 습관을 들이는 데 절제와 반복적 훈련이 요구된다. 그러나 시간이 지나 습관이 몸에 배어 굳어지면, 당신은 주변의 그 어떤 누구보다 더 많은 것을 이루어낼 수 있다.

자기관리 단계

당신이 성취해내는 것들과 성과 그리고 나아가 벌어들이는 수입은

극적으로 증가할 수 있다. 당신이 인생과 일에서 효율적으로 체계화할 수 있다면 말이다. 체계화하는 방법을 단계별로 제시해 놓았다.

1단계

우선 스스로가 삶의 각 영역에서 이루고자 하는 목표를 분명하게 제시하라. 머릿속으로 생각하는 것에 그치지 말고 그 생각을 종이에 적어라. 중요도에 따라 그 목표들을 하나씩 조직하고 그 중에서 가장 중요하다고 생각되는 목표를 하나 정해 매 순간 그것을 자신에게 상기시켜라.

2단계

전체 계획을 세우는 단계이다. 성취하고자 하는 일을 단계별로 세분화한 다음, 일이 완수되는 상황에 따라 V로 표시하라. 계획단계에서 소비되는 1분의 시간이 실행단계에서의 10분을 절약해줄 것이다.

    계획단계에서 다음의 말을 기억하라. "사전에 제대로 한 준비는 나중에 일이 어설프게 진행되는 것을 막아준다."

    목표를 이루기 위해 해야 하는 일들을 나열하고 그것들을 진행될 수 있는 순서대로 정리하라. 해야 할 일들을 순서대로 정리하기 전까지 절대 어떤 일도 시작하지 마라. 이때 만든 계획이 당신이 목표를 향해 가는 데 필요한 길잡이가 되어줄 것이다.

3단계

이제 순서대로 조직한 계획을 하나의 목록으로 정리하라. 이 목록에 당신이 목표를 성취하기 위해 할 수 있는 모든 것들을 전부 다 적어라. 날짜를 월별로 계산해 매달 목표를 이루기 위해 무엇을 해야 하는지 적어라. 그리고 그 계획들을 한 단계 더 세분화시켜 매주 할 수 있는 계획들을 세워 목록화시켜라.

매일매일 그날 해야 할 일들에 대한 목록을 만들어라. 매일 할 일을 정하기 가장 좋은 시간은 일을 마치고 하루를 정리하는 시간인 밤이 가장 좋다. 전날 밤 다음날 할 일을 계획하는 것이다. 그러나 무슨 일이 있어도 아침에 일어나 그날 할 일들을 다시 정리해야 한다. 그날 할 일을 정리하는 것을 일과의 우선순위로 삼아야 한다.

새롭게 해야 할 일이 추가되면, 그것을 하기 전에 할 일 목록에 먼저 적어라. 단순히 누군가에게 전화를 걸거나 이메일을 보내야 하는 단순한 업무일지라도 일단 적고 시작하라. 리스트를 만들어 할 일을 적는 습관은 당신이 하루 24시간을 스스로 통제하고 있다고 생각하게 해 줄 것이다. 또한, 리스트에 있는 할 일들을 하나씩 완수할 때마다 V 표시로 지워 나가면 일이 잘되고 앞으로 나아가고 있다는 느낌을 받을 것이다. 앞으로 나아가고 있다는 느낌은 당신을 더 긍정적으로 자극하고 동기를 유발할 것이다.

4단계

일을 시작하기 전에 먼저 할 일들을 중요도에 맞춰서 조직하라. 8:2 법칙을 이용하라. 이는 할 일의 20%가 중요도를 따졌을 때, 전체 성과의 80%를 차지하게 하라는 의미이다. 때로는 9:1 법칙으로 적용할 수도 있다. 때론 하나의 일이 나머지 일들을 전부 합쳤을 때보다 더 가치가 있을 수 있다.

할 일의 중요도를 정하는 것은 언제나 '재미있고 쉬운' 일들과 '어렵고 해야 하는' 일들 사이의 선택이다. 우리는 항상 이 둘 중에서 '무엇을 먼저 할 것인가?'로 고민에 빠진다.

대부분 사람들은 미래의 성공과 행복에 지대한 영향을 끼칠 수 있는 일들을 미루는 경향이 있다. 자연스러운 현상이다.

일을 시작하기 전에 내가 소개하는 목록을 작성하는 ABCDE 방법을 한번 사용해보라.

1. 반드시 해야 할 일. 당신의 분야에서 최고의 위치에 서고 성공

하기 위해서 반드시 해내야 하는 일들이 여기에 속하는 일들이다. 이 일들을 제대로 해내지 못하면 미래에 심각한 결과를 초래할 수도 있다.

2. **언젠가는 해야 할 일.** 하지 않으면 미래에 가벼운 정도의 불이익을 가져올 수도 있어서 조만간 하는 것이 좋은 일들이 B에 속한다. 여기서 명심할 사실은 A군에 속하는 일들을 끝마치지 않은 상태에서는 절대 B군에 속하는 일을 하면 안 된다는 것이다.

3. **하면 좋은 일.** 친구와 함께 수다 떨기나 SNS를 하거나 혹은 이메일을 확인하는 등 하면 즐겁고 재미있는 일들이 C에 속한다. 하면 재미있고 좋은 일들이지만, 하지 않는다고 해서 나중에 크게 문제가 되지는 않는다. 규칙: SNS를 하는 것은 아무 일도 하지 않는 것과 마찬가지다.

4. **남에게 맡겨도 될 일.** 사소한 일들은 다른 사람에게 맡김으로써 좀 더 중요한 일에 쓸 시간을 벌 수 있다. 이때 기억할 규칙은 가능한 최대로 많은 일을 남에게 맡기고 남은 시간을 좀 더 중요한 일에 사용하라는 것이다.

5. **하지 않는 일.** 여기에 속하는 일들은 절대 하지 않는 것이 좋다. 더 많은 일을 하기 위해서 효율적으로 시간을 안배해 사용

해야 하지만 여기에도 한계는 있다. 모든 사람에게 주어진 시간은 한정되어 있기 때문이다. 자신의 시간을 제대로 관리하기 위해서 어떤 일들은 지금 당장 하는 것을 그만둬야 한다. 여기에서 기억할 규칙은 어떤 일들에 대해서는 그냥 NO!라고 말하는 것이다.

지금부터 당신의 시간을 무의미하게 좀먹는 활동이나 일은 그냥 하지 마라.

창의적으로 일을 미루는 연습을 해라. 이 말은 즉, 자신에게 가치가 낮은 일이나 활동은 의도적으로 미루라는 의미이다. 의도적으로 이러한 일을 미룸으로써 당신은 더 중요한 일을 하는데 시간을 집중적으로 투자할 수 있다.

일의 우선순위를 정하는 법

우선순위를 정하여 중요한 일과 그보다 덜 중요하고 때론 전혀 중요하지 않은 일을 구별해야 한다. 우선순위를 정하기 전 다음 세 가지 질문들을 자신에게 던져라.

1. 온종일 한 가지 일만 할 수 있다면, 어떤 일을 하는 것이 나에

게 가장 가치가 있는가?

2. 내가 할 수 있고, 나만이 할 수 있는 진정한 변화는 무엇인가? 이 일은 오직 당신만이 할 수 있는 일이다. 당신이 할 수 없다면 다른 어떤 누군가도 당신을 대신할 수 없다. 하지만 이 일을 잘 해내면 당신의 경력에 분명 긍정적인 변화가 생긴다.

3. 지금 당장 내 시간을 가장 효율적으로 사용할 수 있는 일은 무엇인가?

스스로 위의 세 가지 질문에 묻고 답함으로써 당신은 뛰어난 시간 관리자로 성장할 수 있다. 스스로 가장 중요한 일 한 가지를 선택하여 실행에 옮길 수 있는 능력은 당신이 앞으로 이룰 성취와 성공에 주요 변수가 될 것이다.

한 번에 하나씩 집중하는 것을 연습하라

ABCDE 방법을 사용해 우선순위를 매겼다면, 이제 가장 중요한 일 하나를 골라 오늘 아침부터 당장 실행에 옮겨라. 다른 어떤 일들보다 이 일을 가장 먼저 해야 한다.

가장 중요한 일 한 가지에 몰입하여 그것이 100% 완료될 때까지 물고 늘어지는 능력, 즉 한 번에 한 가지씩 집중하는 능력이 시간 관리에서 가장 필요한 조건일 것이다. 한 번에 한 가지를 정해 일이 끝날 때까지 밀고 나가는 능력을 갖추기 위해선 엄청난 정신력과 결의 그리고 스스로에 대한 자제력을 기본으로 갖추고 있어야 한다. 성공하는 사람들은 모두 이 기본 요소들을 갖추고 있던 이들이다.

계속하라

사람들이 이루어내는 위대한 업적과 성취에는 피나는 노력이 선행된다. 성공을 맛보기 전 짧게는 몇 주 혹은 수개월에서부터 길게는 수년간 몰입하여 준비하는 기간이 있다. 모든 성공의 뒤에는 그전까지 아무도 알아주지 않았던 수백 수천 가지의 작은 노력이 한데 모여있다.

헨리 워즈워스 롱펠로 Henry Wadworth Longfellow는 이런 말을 했다.

"위대한 사람들은 하루아침에 지금의 자리까지 올라간 것이 아니라 다른 동료들이 잠을 자고 있을 때 끊임없이 보이지 않게 노력했기 때문에 그 자리에 있는 것이다."

간단히 말해, 성공은 임무를 시작해 끝까지 완수해내는 능력의 결과이다. 인생에서 일을 부분적으로 완료하는 것으로는 어떤 보상도 받지 못한다. 심지어 당신이 일의 95%를 달성했더라도 그 일은 아직 미완료 단계에 있는 것이다. 자신의 시간을 제대로 관리할 줄 아는 능력과 일을 시작해 처음부터 끝까지 완수하는 능력을 갖추고 있다면 사람들은 무슨 일이 있을 때마다 당신을 찾게 될 것이다. 당신은 사람들에게 일종의 해결사로 떠오를 것이다.

성공하기 위해 가장 필요한 능력 중 하나는 어떤 일에 있어서만큼은 당신에게 의존할 수 있다는 것이다. 당신을 아는 주변 사람들이 당신에게는 무슨 일을 맡겨도 정해진 기간 안에, 주어진 예산에 맞추어, 높은 수준으로 완성할 것이라고 알게 하는 것이다. 이것이 궁극적인 목적이고 명확성, 집중, 몰입의 혜택이다. 그리고 인생에서 과녁의 정중앙을 맞히는 비결이다.

> **모든 일은 그것이 쉬워지기 전까지 어렵기 마련이다.**

-요한 볼프강 폰 괴테

CHAPTER 5

탁월함의 힘

어떤 일에서 남들보다 탁월할 때, 당신은 진정한 성공과 행복을 맛보게 될 것이다. 당신이 남들보다 탁월하게 잘할 수 있는 일은 무엇인가?

개인의 성공에 관한 연구를 막 시작했을 때, 나는 우연히 자아존중심리학의 세계에 발을 들이게 되었다. 심리학에 따르면 자신을 좋아하는 정도인 자신감이 인생에서 일어나는 거의 모든 일에 영향을 미친다고 한다.

자신을 좋아하는 것

자신감이 높아질수록 자신에게 거는 기대감이 높아지게 되고, 그에 따라 더 높은 목표를 세워 그 목표를 향해 끈질기게 나아가려는 성향이 생긴다. 자신감이 높은 사람은 신체적으로, 정신적으로, 또한 감정적으로 더 건강하고 행복할 수 있다. 자신감이 높은 사람은 다른 사람들에게 더 관대해지고 다른 사람들도 그에게 유독 더 관대해지는 경향이 있다. 자신감이 높아질수록 당신은 더 많은 에너지와 더 강한 면역체계를 갖게 된다. 자신감이 높아지면 당신은 인생의 모든 부분이 더 나아지는 것을 경험하게 될 것이다.

  동전의 양면과도 같이 자신감의 이면에는 자기효능감*이라는 감정이 있다. 자기효능감은 자신감과 스스로에 대해 느끼는 이미지인 자아상을 결정하는 데 지대한 영향을 미친다. 자기효능감은 어떤 일을 하는데 스스로가 유능하다고 느끼는 정도로 정의할 수 있다.

역자주) 자기효능감(自己效能感, self-efficacy): 특정한 문제를 자신의 능력으로 성공적으로 해결할 수 있다는 자기 자신에 대한 신념이나 기대감이다. 높은 자기효능감은 과제에 대한 집중과 지속성을 통하여 성취 수준을 높일 수 있다. 그 결과 긍정적인 자아상 self-image 을 형성하는 데 도움이 된다(특수교육학 용어사전, 2009, 국립특수교육원).

스스로 유능하다고 생각하는 것

자신감과 자기효능감은 서로가 서로에게 자양분이 되는 감정들이다. 자신감이 높아지면 자기효능감도 높아지고, 반대로 자기효능감이 높아지면 자신감도 함께 높아진다. 높은 자신감을 느끼고 있다면 당신은 모든 일을 지금보다 더 나은 수준으로 해낼 수 있다. 지금보다 더 나은 수준으로 모든 일을 유능하게 해낸다면 당신은 자신을 자랑스럽게 생각하여 이전보다 자신감 또한 더욱 높아질 것이다. 자기효능감과 자신감은 서로가 서로에게 자양분 역할을 한다. 자신감이 높아질수록 모든 일에 지금보다 유능해지고 스스로 만족하게 된다.

모든 사람은 각자 잘하는 것이 반드시 하나 이상 있다. 당신이 앞으로 해야 할 일은 우선 스스로가 잘할 수 있는 분야를 찾고 그 다음 전력을 다해 그 분야에서 최고가 되기 위해 노력해야 한다.

상위 20%

내 나이 스물넷에 나는 구멍 난 신발을 신은 채 무일푼으로 전전긍긍하고 있었다. 그러다 수당제 세일즈맨이 되었고 물건을 팔기 위해 집집마다 돌아다니며 문을 두들겼다. 물건을 팔지 못하는 날엔 식사도 제대로 하지 않았다. 그렇게 몇 달을 버티던 어느 날, 세일즈계에서 소문난 베테랑 한 명이 던져준 통계가 내 인생을 송두리째 바꿔버렸다.

그는 말했다. "자네, 그거 아는가? 세일즈맨의 상위 20%가 전체 수익의 80%를 가져간다네. 어디든지 이건 마찬가지겠지만 말이야." 그 당시의 나로선 처음 듣는 이야기였다. 그 말을 듣는 즉시 이렇게 생각했다. 만일 대부분의 수입을 상위 20%가 가져간다면, 나 또한 그 20% 안에 들어야겠다고 말이다. 그 결심이 오늘의 나를 있게 만들었다.

당신도 할 수 있다

하지만 곧 내 생각이 착각이 아니었나 싶은 환멸과 함께 좌절감이 나를 찾아왔다. 나는 고등학교도 채 졸업하지 못했고 지난 몇 년간 육체노동일만 전전해왔다. 나는 단 한 번도 어떤 일을 잘 해본 적이 없었다. 좋은 성적을 받은 적도 없었고, 중고등학교에 다니면서 운동부에 발탁될 만큼 운동을 잘해 본 적도 없었다. 심지어 집집마다 물건을 팔러 다니는 방문판매일도 그다지 잘하는 편이 아니었다.

나의 분야에서 상위 20% 안에 들어야겠다는 야망은 있었으나, 정작 단 한 번도 어디서든 상위 20% 안에 들어본 적이 없었다.

누구든지 시작은 미약하다

얼마 뒤 아주 중요한 교훈을 얻게 되었고 그것이 내가 맛본 좌절감과 낮은 자신감을 극복할 수 있는 계기를 마련해주었다. 그때 내가 배웠던 것은 상위 20% 안에 드는 모든 사람이 처음에는 하위 80%에서부터 시작했다는 사실이다.

처음부터 일을 잘했던 사람은 없다. 인생이라는 뷔페에서 여러 음식을 맛보는 모든 사람이 처음엔 맨 뒷줄에서 자신의 차례가 오기를 기다린다. 각 분야에서 최고의 자리에 오른 사람들이 처음부터 다른 사람들에게 인정을 받고 지금처럼 경험이 많았던 것은 아니다.

"백만장자 시크릿"의 저자 하브 에커T. Harv Eker가 말한 대로, "대가들도 한때는 풋내기였던 시절이 있었다."

숫자의 의미

한 대형 보험회사에서 5,000명 직원을 대상으로 그들의 수입을 조사해 정말로 8:2 법칙이 적용되는지 확인한 적이 있다. 조사결과 8:2 법칙은 실제로 존재했다. 직원 중 상위 20%가 매년 전 직원 수입의 80%를 가져갔다.

실제 조사에서 나온 결과는 매우 놀라웠다. 상위 20%가 벌어들이는 수입 평균은 하위 80%가 벌어들이는 수입 평균의 무려 16배에 달했다(의심스러우면 실제 계산을 해보라).

1% vs 99%

1% 대 나머지 99%에 관한 이론은 수년간 사람들 사이에서 논쟁의 대상이었다. 어떤 사람들은 우리 사회의 상위 1%가 나머지 99%보다 더 많은 수입을 벌어들인다고 말한다. 그러나 연구 결과를 살펴보면, 실제로는 상위 3%가 나머지 97%보다 많은 수입을 가져가는 구도라는 것을 확인할 수 있다.

나머지 97%보다 더 많은 수입을 올리는 3%의 사람들은 자신들의 목표를 종이에 적어두고 목표를 실현하기 위해 매일 무언가를 하는 이들이다. 그들은 노력의 결과로 전체 97%의 수입을 전부 다 합친 것보다 많은 수입을 벌어들인다.

2:8 법칙은 이보다는 양호한 편이다. 2:8 법칙이란 모든 분야에서 상위 20%의 사람들이 전체 수익의 80%를 가져간다는 것이다.

당신이 해야 할 질문

당신이 해야 할 질문은 부의 분배에 관한 것이 아니다. 진짜로 해야 할 질문은 이것이다. '만약 모든 사람이 처음에는 거의 아무것도 없이 제한된 교육, 기술, 돈을 가지고 시작했을 때, 어떤 이유로 누군가는 같은 조건으로 시작했던 다른 누구보다 적게는 열 배에서 많게는 스무 배에 달하는 수입을 벌어들이고 또 누군가는 그렇지 못한 결과를 낳는단 말인가?' 여기서 전제는 모든 사람이 같은 수준의 지능과 교육, 인맥, 그리고 기회를 가졌다는 것이다.

AP 통신에서 진행한 연구에 따르면, 포춘지 선정 500기업의 CEO들은 일반 사원들보다 평균적으로 257배에 달하는 수입을 가져갔다. 같은 출발 선상에서 출발한 사람들 중 어째서 누군가는 CEO가 되어 다른 사람의 257배에 달하는 수입을 벌어들일 수 있단 말인가?

답은 간단하다

거기에 대한 대답은 간단하다. 고수익을 올리는 사람들일수록 그들은 자신들이 하는 일 중 가장 중요하다고 생각되는 일을 달성하고 또 그 일을 남들보다 잘하기 위해 많은 시간을 투자했기 때문이다. 그리고 회사에서 그 일에 능숙한 이들을 원했기 때문이다.

이는 소득 불평등이 그냥 생겨나는 것이 아님을 말해준다. 자신이 얼마를 벌어들이는가는 결국 스스로 만들어낸 결과이다. 당신이 얼마를 버는가는 당신이 지금 어떤 일을 하느냐에 달려있다. 당신이 끊임없이 자신만의 기술을 갈고 닦고, 주어진 업무를 남들보다 뛰어나게 잘하게 된다면 사람들은 당신에게 기꺼이 더 많은 돈을 지급하려고 할 것이다.

소득격차와 기술격차

1992년 노벨 경제학상을 받은 시카고대학의 게리 베커Gary S. Becker는 미국사회에서 임금 격차보다 더 심각한 문제가 기술격차라고 주장했다. 시장에서 수요가 발생하는 기술을 가지고 있는 사람들은 언제나 쉽게 고용이 되고 많은 임금을 받는다. 반면, 기술이 없는 사람들은 고용되기가 쉽지 않고 고용이 되더라도 더 적은 돈을 번다는 것이 그의 설명이다.

오늘날 대학에서 과학, 기술, 공학, 수학을 전공한 졸업생들은 대기업에서 줄을 서서 데려갈 정도로 시장에서 수요가 많이 발생한다. 그리고 대게 초봉으로 1억 이상의 연봉을 약속 받는다. 그 외 인문학을 전공한 대학생들은 출발선부터 훨씬 낮은 연봉을 받고 사회생활을 시작한다.

높은 수입을 받기 위한 비결

플로리다 주립대학의 에릭슨Anders Ericsson박사는 엘리트 연구의 주요 권위자이다. 그는 25년 동안 고수익을 올리는 관리직급의 사람들을 대상으로 그들의 경력을 연구했다. 연구에 따르면, 고수익을 올리는 사람들은 대게 의도적 관행에 몰두해 있었다.

여기서 말하는 의도적 관행이란 고수익을 올리는 사람들이 분명한 의도를 가지고 한 번에 하나의 기술을 연마하는 데 집중한다는 것이다. 새로운 기술을 하나씩 배울 때마다 그것들이 기존에 가지고 있던 기술과 융합되면서 그들의 인적 가치는 더욱 높아졌다. 높아진 인적 가치 덕분에 그들은 같은 선상에서 출발했던 다른 동료들보다 10배, 20배, 100배 그리고 257배 많은 수입을 벌어들일 수 있었다.

성장실패

에릭슨 박사에 따르면 하위 80%에 속하는 사람들도 입사 후 처음 1년간은 회사에서 필요한 기술과 비법을 익히는 데 노력을 기울인다. 그러다 점차 그들은 노력을 게을리하기 시작하고 모든 일을 단순히 남들이 하는 만큼 적당히 하기 시작한다. 그리고 다시는 스스로 발전하려고 노력하지 않는다. 더는 책을 읽거나 라디오를 듣지도 않고 추가로 업무에 필요한 뭔가를 배우기 위해 수업을 듣는 것도 하지 않는다. 그들의 역량은 끝내 발전하지 않고 정체되기 시작하는 것이다.

그렇게 10년이 흐르고 역량이 정체된 직원들은 입사 후 1년이 지나기 전보다 생산성이 떨어지게 된다. 그들이 받는 연봉은 결국 그들의 생산성과 직결된다. 회사에 고용되어 있는 한 그들의 수입은 물가상승률을 고려했을 때 매년 평균적으로 1%씩 올라간다.

고수입자들

그러나 상위 20%에 속하는 사람들은 지속해서 배우고 그들의 업무 역량을 성장시킨다. 그들은 평균적으로 매년 11%의 임금상승률을 경험한다. 임금이 매년 11%씩 증가한다면 6.5년을 기준으로 임금은 지금의 두 배가 된다.

같은 속도로 임금이 계속 상승한다면, 처음 입사했을 때 연봉으로 5,000만 원을 받던 직원은 20년 안에 4억 이상의 연봉을 받게 된다. 누군가 얘기한 것처럼 "우주에서 가장 강력한 힘은 복리複利"니까 말이다.

소득을 올려라

자, 이제 당신의 경력에서 어떻게 하면 더 높은 수익을 지속해서 올릴 수 있는가? 정답은 간단하다. 그리고 25년간의 연구가 이를 뒷받침하는 근거이다. 많은 사람이 이미 알고 있는 사실이기 때문에 일부러 말하는 것도 조금은 부끄러운 생각이 든다.

그것은 당신이 무엇을 하든 한 번에 한 걸음씩 내딛는 것이다. 한 번에 하나의 기술을 연마하라. 당신의 경력에서 언제든지 가장 도움이 될만한 기술을 단 하나만 제대로 익혀도 당신은 같은 일을 하는 다른 사람들보다 더 많은 수입을 벌게 될 것이다.

앞으로 이 질문에 적절히 대답할 수 있느냐가 당신의 성공과 실패 그리고 수입을 결정할 것이다. 내가 남들보다 뛰어나게 잘하는 경력 전반에 가장 긍정적인 영향을 미칠만한 일 또는 기술이 무엇인가?

마법 지팡이를 이용하라

당신이 마법 지팡이를 휘둘러 하룻밤 새에 당신이 속한 분야에서 도움이 될만한 한 가지 일에 능통할 수 있다고 상상해보라. 어떤 기술을 습득했을 때 당신은 지금보다 두 배 이상의 수입을 얻을 수 있겠는가? 어떤 기술을 배움으로써 당신은 지금보다 더 나은 업무성과를 올릴 수 있겠는가? 어떤 기술이 당신이 속한 분야에서 최고가 될 수 있는 속도로 가속할 수 있는가?

이 질문들에 제대로 대답하기 위해 당신에게는 다음의 세 가지 요소가 필요하다: 명확성, 집중력, 몰입. 우선 당신에게 가장 도움이 될만한 기술은 무엇인지 명확히 알아야 한다. 그리고 그 기술을 익히기 위해 온 정신을 집중해야 한다. 적어도 일주일에 5일 동안 하루에 2시간씩은 해당 기술을 익히는 데 몰입해야 한다. 때로는 이보다 더한 시간과 노력이 투입되어야 할 수도 있다. 당신이 꾸준히 이렇게만 한다면 당신의 미래는 이미 보장된 것이나 다름없다.

현재상황을 분석하라

당신의 인생에서 가장 달성하고 싶은 주요 목표를 떠올려보라. 그리고 이렇게 물어라. 만약 '내가 지금 당장 한가지 기술을 익힐 수 있다면 어떤 기술을 익히는 것이 나의 주요 목표를 달성하는 데 가장 도움이 될 수 있겠는가?'

사람들에게 동기부여의 강연을 하는 레스 브라운Les Brown은 이렇게 말한다. "당신이 이제껏 성취하지 못한 것을 성취하려 한다면, 먼저 지금과는 다른 사람이 되어야 한다."

우리는 이 말을 "이제껏 성취하지 못했던 목표를 성취하기 위해서, 지금과는 다른 기술을 개발해야 한다."로 표현할 수 있다.

기술을 개발하는 것

어떻게 사다리를 오르는가? 한 번에 한 걸음씩 올라갈 것이다. 사다리를 오를 때, 당신의 왼손과 왼발은 지식이고 당신의 오른손과 오른발은 기술이라고 생각해보라. 성공이라는 사다리를 오르기 위해서 당신에겐 양손과 양발이 모두 필요하다. 사다리를 오를 때 한

손과 한 발을 이용해 한 걸음을 떼는 것처럼 성공의 사다리를 오르기 위해 당신에게 필요한 것은 한 손의 지식과 한 발의 기술이다.

사다리의 가로대를 당신의 능력에 비유한다면, 사다리를 하나씩 오를 때마다 당신의 수입과 당신이 회사에서 차지하는 입지는 오름세를 탈 것이다.

당신이 한 번에 하나씩 새로운 기술을 계속 개발한다면, 회사는 당신을 가치 있는 인재로 인식할 것이고, 당신의 회사와 경쟁회사들은 앞다투어 당신에게 더 많은 돈을 줘서라도 당신에게 일을 시켜 성과를 내고자 할 것이다.

계속 배우고 성장하라
당신은 경력에 도움이 되는 핵심 기술을 연마했다. 그런 다음엔? 다음에 할 수 있는 일은 무엇인가? 간단하다. 다시 자신에게 이렇게 물어라. "나의 경력에서 앞으로 나아가는 데 필요한 기술로 또 어떤 것이 있는가?"

습득할 기술을 정했으면, 계획과 함께 목표를 세워라. 나를 주어로 하는 긍정적 표현으로 현재시제로 작성해 종이에 옮겨 적어라. 그리고 거기에 마감기한을 부여하라.

예를 들어, 이렇게 적어볼 수 있다. "나는 몇월 몇일까지 이 기술에 완전히 통달해 있다."

탁월함을 위한 계획을 세워라
스스로 정한 기술을 습득하기 위해 당신이 할 수 있는 일들을 모두 적고 그것들을 이용해 목록을 만들어라. 순서와 중요도에 따라 그 목록을 작성하라. 이제 당신은 계획표를 가지게 되었다. 그리고 마지막으로 매일매일 작성한 계획표에 따라 무엇이든 실행에 옮겨라.

놀랍게도, 당신이 한 가지 기술을 습득하는 데 집중하여 스스로 발전시키면 자연스럽게 당신이 가지고 있는 다른 기술들도 함께 발전한다. 평생 배우는 사람이 되기로 하면 당신은 시간이 지나면서 당신의 분야와 연계된 다른 분야에서 끊임없이 배우고 스스로 발전시키는 자신을 발견하게 될 것이다.

지속적 발전
"CANEI: 지속적이고 끝이 없는 배움"이란 말을 가슴에 새기고 평생학습의 길을 걸어라.

지속적으로 Continuous
그리고 And
끝없이 Never-Ending
개선하라 Improvement

발전하는 것을 멈추지 마라. 일을 효율적이고 또 효과적으로 해낼 수 있는 새로운 방식을 끊임없이 찾아라. 당신의 정신에 새로운 아이디어와 방법 그리고 기술들로 계속 자양분을 줘라. 당신의 경력은 새로운 것을 배우고자 하는 의지와 태도에 달려있다.

모든 기술은 습득할 수 있다

남보다 어느 한 분야에서든 뛰어나기 위해 명심해야 할 두 가지가 있다. 첫 번째로는 모든 기술은 배워서 습득할 수 있다는 사실이다. 당신의 경력에서 성공하는 데 필요한 모든 기술은 필요에 따라 충분히 배울 수 있다. 배우는 데에 한계란 없다.

두 번째로, 당신은 업무의 생산성, 성과, 결과 및 수입을 향상하기 위해 절대적으로 필요한 기술 한 가지만 제대로 익혀도 된다. 때로 한 가지 기술만 배워도 그 기술이 기존에 가지고 있던 기술들과

합쳐져 당신의 가치를 더욱 높여줄 수 있다. 당신은 새로 배운 지식이나 기술을 통해 남과 다른 생각을 하거나 성과를 내 현재의 당신보다 더 나은 사람이 될 수 있다. 당신에게 그런 기회를 가져다 줄 기술이 있다면 그것은 무엇이겠는가?

어떤 일에서 남들보다
뛰어나게 될 때,
당신은 진정한
성공과 행복을
맛보게 될 것이다.

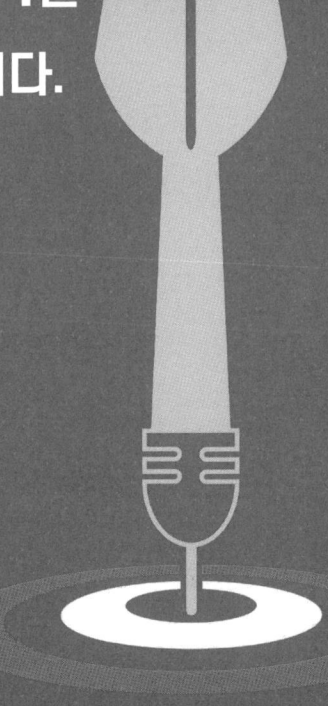

CHAPTER 6

인간관계의 힘

당신이 아는 사람들 그리고 당신을 알고 있는 사람들과의 보이지 않는 관계가 성공의 디딤돌로 작용할 수 있다. 앞으로 삶의 질은 관계의 질 곱하기 관계의 수량으로 계산한다고 생각하라. 즉, **관계의 질**(QR: Quality of Relationships) × **관계의 수량**(QR: Quantity of Relationship) = **삶의 질**(QL: Quality of Life)의 공식이 성립하는 것이다.

이제 당신은 스스로 인생에서 중요하다고 여기는 가치와 목적, 사명, 목표 및 우선순위를 명확히 알고 있다. 지금부터는 목표를 이루기 위해 도움을 줄 수 있고 당신과 협력할 수 있는 사람들의 명단을 쭉 나열해보라.

명단을 작성하라

우선 당신의 가족과 친구들을 적어라. 그 다음으로 직장상사와 동료들을 적어라. 외부업체의 직원들, 은행, 공급업체 등 당신에게 도움을 줄 수 있는 사람들을 가능한 한 많이 적어라. 늘 강조하지만, 생각은 머리에 하는 것이 아니라 종이에 하는 것이다.

사람들과 대화 도중 그들이 좋아하는 라디오 채널에 관한 이야기가 나오면 어떤 질문을 스스로 던져볼 수 있는가? '내가 관심 있을 만한 정보는 무엇인가?'하고 질문해 볼 수 있다.

당신이 만약 세일즈나 창업분야에 뛰어들었다면 위의 질문을 어떻게 바꿔볼 수 있는가? '나의 고객이 관심 있을 만한 정보는 무엇이 있을까?'로 바꿔볼 수 있다.

오늘날과 같은 무한경쟁 시대에 고객의 관심을 붙들어 두는 것은 쉬운 일이 아니다. 당신이 보내는 메시지에 고객이 내줄 수 있는 관심은 한정되어 있다. 이때 당신은 '얻기 위해 먼저 주는' 전략을 취해야 한다.

'얻어내는 사람'이 되기 전에 '주는 사람'이 먼저 되라.

거두기 전에 먼저 심어라

돈, 지위, 명예 그리고 성공과 관련해 우리는 사회에서 두 종류의 사람을 볼 수 있다. 첫 번째는 다른 사람들을 자신의 이익을 위해 이용할 수 있는 도구로 본다. 이들은 다른 사람들을 자신의 입맛대로 조종하려는 경향이 있다.

두 번째는 다른 사람들을 고유한 인격체로 보려 한다. 그들은 사람마다 나름의 가치관이 있고 제각기 다른 성격과 욕구를 지니고 있다는 사실을 이해한다. 그리고 다름이 모두에게 고유한 개성을 부여한다고 생각하는 경향이 있다.

첫 번째 부류에 속하는 사람들은 새로운 사람을 만날 때마다 속으로 이런 질문을 던진다. '이 사람으로부터 내가 무엇을 얻어낼 수 있는가?'

최고의 위치에 있는 사람처럼 생각하라

어떤 분야에서든 최고의 위치에 서 있는 사람들은 남과 다르게 생각한다. 그들은 새로운 사람을 만날 때 속으로 이런 질문을 던진다. '이 사람이 원하고 필요한 것을 내가 어떻게 하면 줄 수 있을까? 그렇게 하면 이 사람과의 관계를 앞

으로도 좋게 유지할 수 있을 텐데...'

 인생의 전환점을 맞을 때, 당신이 서 있는 그 자리에 어떤 사람이 있을 것이다. 삶을 되돌아보면 10대 시절부터 지금까지 잊고 지내는 누군가가 지금의 당신을 있게 했다는 사실을 깨닫게 될 것이다. 알게 모르게 당신이 지금껏 만나왔던 사람들은 당신의 삶 곳곳에서 많은 영향을 미쳤다.

인간관계를 규칙적으로 관리하라

우리가 앞에서 살펴보았던 확률의 법칙을 따졌을 때, 가능한 한 많은 수의 그리고 다양한 분야에 있는 사람들과 정기적으로 교류하고 관계를 쌓는 것이 훗날 당신에게 큰 자산이 될 것이다.

 80%에 속하는 사람들은 대개 더는 오르지 않는 연봉에 고민하고 혹시나 지금 가진 직장에서 잘리지 않을까 노심초사한다. 그들 대부분은 자신들의 삶에 만족하지 못하는 삶을 산다. 그들은 매일 밤 퇴근하면 집에 가서 텔레비전을 보며 무료함을 달래고 항상 만나던 사람들하고만 교류한다.

 반면 상위 20%에 속하는 사람들은 끊임없이 새로운 사람과 만날 기회를 찾고 새로운 사람들과 교류하며 사람들에게 도움을 줄 방법이 없는지 고민한다. 먼저 도움을 주는 것이 나중에 훨씬 이익이라는 것을 그들은 알고 있기 때문이다.

한 사람이 변화를 가져올 수도 있다

몇 년 전 나는 한 국내 기업을 대상으로 하는 세미나에서 연사로 출연한 적이 있었다. 내 강연은 아침에 일정이 잡혀 있었는데, 전날 강연을 마친 다른 연사가 일부러 나를 만나고 내 강연을 듣기 위해 거기서의 일정을 하루 연장했다는 소식을 들었다.

당시 나는 왼쪽 발목의 통증 때문에 다리를 약간 절고 있었다. 나를 기다렸던 연사는 그것을 눈치채고 다리에 관해 물었다. 그러고 나서 곧 호텔 방으로 돌아가 알약이 담겨있는 통을 들고 내게 왔다. 그는 알약을 건네며 통증에 조금 효과가 있을 거라고 말했다. 그가 따로 챙겨온 약이었음에도 그는 약을 나에게 주고 내게 행운을 빌어 주었다.

다른 사람들에게 관심을 가져라

무슨 바람이 불었는지 나는 즉흥적으로 그에게 이렇게 물었다. "하시는 사업은 잘되십니까?" 하고 말이다.

그 질문으로 대화의 물꼬를 튼 우리는 이내 앉아서 이야기를 나누기 시작했다. 당시 그는 보스턴 외곽의 매사추세츠에서 한 부동

산투자 건으로 골머리를 앓고 있었고 어떻게 하면 투자 건을 잘 마무리 지을 수 있을지 답을 찾지 못하던 상태였다.

우리는 플로리다 주의 포트로더데일에 함께 있었다. 몇 년 전 나는 현재는 코럴 게이블즈에 살지만, 보스턴에서 왔던 한 부동산 사업가와 일을 한 적이 있었던 것을 떠올렸다. 나는 곧바로 수화기를 들었고 그 부동산 사업가에게 전화를 걸어 연사가 처한 상황을 상세히 설명했다.

한 통의 전화

다행히도 그는 연사가 연루되어있던 부동산 투자 건에 대해 아주 잘 알고 있는 사람이었다. 그는 지인들에게 연락을 돌려 연사를 실제로 매사추세츠 지역 개발에 참여하고 있는 사람들과 연결해주었다. 나중에 알고 보니, 연사는 소개해준 인맥의 도움을 받아 투자한 돈을 차환시켜 결국 회수할 수 있었고 경제적 난항을 벗어날 수 있었다.

아무도 모른다

시간이 지나 나는 곰곰이 그날의 사건을 되돌아보았다. 낯선 사람과 잠깐 나눈 대화가 문제 해결의 실마리를 제공해준 것이라는 생각에 미치자 경이로움을 느낄 수밖에 없었다. 그 연사는 내게 발목 통증을 완화할 수 있는 약병을 하나 건넸고, 나는 우연히 그가 겪고 있던 문제를 알게 되어 그에게 필요한 사람을 연결해 줄 수 있었다.

여기서 내가 전달하고 싶은 메시지는 누가 언제 당신에게 도움을 줄 수 있는지 판단하기가 결코 쉽지 않다는 것이다. 마찬가지로 당신 또한 누군가에게 도움을 줄 수 있지만, 그것이 언제가 될지는 알 수 없다. 당신이 할 수 있는 일은 단순히 확률의 법칙에 따라 계속 움직이는 것이다. 가능한 한 인간관계를 넓히고 아는 사람을 많이 만들어 두어라. 낚시할 때, 아주 넓은 그물망을 던지는 것과 같은 이치다.

모임에 참석하라

지역사회 동호회나 협회에 가입하라. 정기적으로 모임에 참석하여 사람들과 친분을 쌓아라. 사람들을 만나서 그들이 당신에게 무엇을 해줄 수 있을지 기대하기보다 당신이 그들을 위해 무엇을 해줄 수 있을지 고민하라.

새로운 사람을 만나게 되면 당신에 관한 이야기를 떠들며 명함을 나눠주기보다 그들에 관해 궁금해하며 질문을 던져라. 그들에게 새로운 고객을 데려오기 위해 당신이 알아야 할 것이 무엇인지 마음속으로 염두에 두면서 질문을 해라.

먼저 도움의 손길을 내밀어라

사업 상 필요한 인맥을 쌓기 위한 최상의 방법은 먼저 다른 사람들이 판매율을 높이고 수익을 높일 수 있도록 도움의 손길을 내미는 것이다. 당신이 베푼 작은 친절이 당신의 인생과 경력에서 큰 전환점을 가져올 때가 있을 것이다.

새로운 사람을 만나면 집에 돌아가는 즉시 그 사람에게 당신의 흔적을 남겨라. 대표적으로 만나서 반가웠으며 상대방과 다시 만나기를 기대 하겠다는 내용의 이메일을 보내는 방식이 있다. 이메일을 보낼 때 흥미로운 소재나 도움이 될 만한 정보를 담고 있는 기사를 첨부하라. 더 좋은 방법은 이런 모든 내용을 손편지로 적어 보내는 것이다.

모든 것은 작은 씨앗에서부터 시작한다

오래 전 한 대기업 사장이 쓴 칼럼을 한 편 읽었었다. 평소 크게 관심이 있던 주제를 다룬 글이어서 읽고 그냥 넘길 수가 없었다. 그래서 곧바로 책상 앞에 앉아 그 사장에게 편지를 썼다. 편지에서 나는 그가 글에서 추천한 사항들에 공감하고 또 언젠가 기회가 되어 만날 수 있으면 좋겠다고 밝혔다.

그로부터 3년 뒤, 한 회의에 참석할 일이 있었는데 그곳에서 우연히 그 사람을 만났다. 우리는 함께 이야기를 나누기 시작했고 시간이 지나 점심과 저녁식사를 같이 하기로 했다. 그날 이후 우리는 둘도 없는 친한 친구가 되었고 이제는 25년간의 우정을 소중히 간직하고 있다.

성공법칙

내가 가장 좋아하는 성공법칙은 "상대에게 바라지 않고 나의 것을 아낌없이 주면 예상치 못한 순간에 결국 나에게 되돌아 온다."이다.

다른 사람에게 친절을 베풀 때, 어쩌면 그 사람을 두 번 다시 보지 못할 수도 있다. 그러나 신비한 우주의 힘에 이끌려 언젠가는 당신이 필요로 할 때 누군가의 도움을 받게 될 수도 있다.

성경에서는 "사람이 무엇을 심든지 그것을 그대로 거두리라."고 밝혔다. 즉, 뿌린 대로 거두게 된다.

누군가에게 도움, 우정, 친절, 배려라는 씨앗을 심는 것이 당신이 해야 할 몫이다. 씨앗을 심고 나서 그것이 당신에게 어떤 결실을 가져다 줄지 고민할 필요는 없다. 당신이 할 일은 오직 씨앗을 잘 심는 것 뿐이다. 나머지 뿌린 씨앗을 거두게 하는 것은 신의 몫이다.

당신의 몫은 씨앗을 뿌리는 그 순간 끝나는 것이다.

모두가 자신을 중요한 사람으로 느끼게 하라

전 세계적으로 가장 성공한 다단계 화장품 업체인 메리케이Mary Kay Cosmetics의 창립자 메리 케이 애쉬Mary Kay Ash는 아주 유명한 말을 남겼다. 그녀는 모든 사람의 목 부근에는 "나를 중요한 사람처럼 느끼게 해주세요."라는 표식이 있다고 했다. 이것이 그녀가 다른 사람들과 항상 좋은 관계를 유지하는 비밀이다.

9가지의 현명한 전략들

인생에서 새로운 사람을 만날 때마다 당신이 취할 수 있는 9가지 전략을 소개하려고 한다. 이 9가지의 전략들만 제대로 연습해도 당신의 인간관계는 물론 삶의 질이 놀라운 정도로 높아질 것이다.

1. 다른 사람이나 그들의 행동에 대해서 결코 비난하거나 불평하지 마라.

당신의 기준에서 인정할 수 없는 행동을 누군가 하더라도 그것을 입 밖으로 표현하지 말고 속으로만 생각해라. 프랭크 시나트라Frank Sinatra가 노래한 것처럼 "친절한 말투로 할 수 없는 말이라면 그것이 어떤 말이든 하지 않는 편이 나아요."가 나의 조언이다.

대부분 사람들의 대화는 부정적으로 흐르는 경향이 있다. 사람들은 삶의 많은 부분에 불만족하고 불평불만을 늘어놓는다. 그들은 자신에게 피해를 주거나 문제를 일으키는 사람이나 상황을 자주 비난한다. 자신들이 동의하지 않는 것들에 대해 비난하며 부정적인 말을 일삼는다.

다른 사람들이 하는 부정적인 대화에 가담하지 마라. 다른 사람들이 부정적인 말을 일삼을 때 당신이 반드시 함께 할 필요는 없다. 조용히 듣고 있다가 빠져 나와라. 이미 잘 타고 있는 불에 굳이 장작개비 하나를 더 보탤 이유는 없다.

2. 유쾌한 사람이 되라.

진정으로 유쾌하고 친절한 사람들은 어딜 가나 사람들로부터 인기를 한 몸에 받는다. 이런 사람들은 누군가에게 마음에 들지 않는 것이 있어도 그것을 곧바로 표현하지 않는 대신 상대방의 처지를 이해하려는 노력을 하며 질문을 던진다. 이런 사람들은 언제나 기운이 넘치고 주변을 기분 좋게 하는 힘이 있다.

종종 다른 사람들과의 견해 차이로 불화를 겪거나 논쟁이 불거지는 상황이 올 수 있다. 그러나 논쟁 대부분은 그다지 중요하지 않은 부분에서 일어난다. 논쟁이 일어나면 스스로 한 번 물어보아라. "이 논쟁을 하는 것이 이 시점에서 중요한 것인가?"하고 말이다.

논쟁을 하는 것 자체가 그다지 중요하지 않는 것이라는 판단이 들면, 상대방에 맞춰 동의를 해줘라. 늘 활력이 넘치고, 열린 마음으로 다른 사람에게 친절히 해라. 다른 사람이 주변에 머물고 싶은 사람이 되라. 사람들은 긍정적인 이들의 주변에 모이기 마련이다.

3. 받아들이는 연습을 해라.

모든 사람은 다른 사람들에게 아무 조건 없이 받아들여지고 싶은 욕구가 마음 속 깊이 존재한다. 다른 사람을 만날 때마다 받아들여지는 느낌을 받게 할 수 있다면, 당신으로 인해 사람들의 자아상은 좀 더 긍정적으로 변하고 자신감은 상승하게 될 것이다. 누군가에게 받아들여지면 스스로 더욱 관대해지는 것이 사람이다. 그렇게 되면 사람들은 당신을 더욱 존중하고 좋아할 것이다.

그렇다면 어떻게 다른 사람들에게 받아들이는 것을 표현할 수 있는가? 방법은 간단하다. 그저 웃어라. 다른 사람을 향해 미소 지을 때, 누군가에게 받아들여진다는 감정과 함께 자신의 가치를 인정받는다는 느낌을 주게 된다. 미소를 지으면 상대방은 자신이 매력적이고 중요한 사람이라는 느낌을 받게 된다. 그런 느낌은 그들의 자신감을 높여주게 된다. 미소 하나만 있으면 모든 것이 해결된다.

4. 감사를 표현해라.

다른 사람이 당신과 함께 있을 때 자신감이 높아지고 스스로가 중요한 사람이라는 느낌을 받게 할 수 있는 또 하나의 효과적인 방법은 감사하는 마음을 표현하는 것이다. 작건 크건 상대방이 당신에게 호의를 베풀었다면 그것에 대한 감사를 표현하라.

어떻게 감사를 표현할 수 있는가? 여기서도 방법은 간단하다. 그저 고맙다는 말을 해라. 주변 사람들에게 그들이 하는 행동이나 일에 대해 고맙다는 말을 하는 것으로 감사를 표현하면 된다.

당신이 누군가에게 고마워할 때 상대방은 뿌듯함을 느낀다. 그리고 결과적으로 상대방은 고마움을 표현하는 당신에 대해서도 좋은 감정을 갖게 될 것이다. 게다가 당신이 고마움을 표현하면 상대방은 당신이 감사하는 행동을 더 자주 하게 하려고 할 것이다. 긍정강화작용의 목적으로 당신이 특정 행동을 할 때 누군가가 고마움을 느끼고 긍정적인 반응을 보인다면 당연히 무의식적으로 긍정적인 반응을 끌어내고자 특정 행동을 반복적으로 하게 된다.

5. 존경을 표현하라.

에이브러햄 링컨Abraham Lincoln은 "모든 사람은 칭찬을 좋아한다."고 말했다. 다른 사람에게서 좋은 면을 찾아 그것을 칭찬하고 존경을 표하라. 상대방이 그날 입은 옷이나 액세서리 혹은 머리스타일에 대해 칭찬을 할 수 있다. 집이나 자동차 혹은 개인 소지품을 가리키며 칭찬을 하는 것도 좋은 방법이다. 혹은 상대방이 이루어낸 성취나 일에 대해 칭찬할 수도 있다.

　당신이 누군가를 칭찬할 때마다 그 사람은 스스로 더 가치 있고 중요한 사람으로 여기게 된다. 그렇게 되면 당신은 결과적으로 사람 하나를 얻게 된다. 칭찬을 받은 사람은 자신을 인정해주는 당신에게 호의적이고 협조적인 태도를 보일 것이다. 언제나 상대방에게서 칭찬할 거리를 찾아낼 수 있다. 찾아보면 칭찬할 거리는 어디에나 있기 때문이다.

6. 인정을 표현해라.

누군가를 칭찬하고 인정하는 것은 인간 본연의 인정을 받고 싶은 욕구를 충족시켜준다. 칭찬하면 상대방의 자존감이 곧바로 올라간다. 동시에 상대방은 당신에 대해서도 호감을 느끼고 존경심을 나타낼 것이다.

눈에 띄지 않는 일이더라도 어떤 일을 제대로 해내면 그의 공로를 인정해라. 당신이 보기에 긍정적인 결과 혹은 좀 더 생산적인 결과를 만들어 내는 일을 하는 모든 사람에게 주기적으로 칭찬해라.

직원들의 사기를 높이는 가장 좋은 방법은 그들이 잘했을 때 지속해서 칭찬하는 것이다. 그러나 반대로 실수 했을 때에는 그것을 비난하거나 불만을 표현하지 마라.

7. 관심을 가져라.

관심을 갖고 누군가의 말을 잘 듣는 것만으로도 당신은 상대방이 자신을 가치 있고 중요한 사람으로 느끼도록 할 수 있다. 상대방의 이야기를 들을 때 상체를 약간 앞으로 숙이고 눈을 마주 본 채 단어 하나하나에 세심한 주의를 기울여라.

이야기를 들을 때 당신의 눈이 마치 상대방의 피부를 태우는 태양광이라고 상상하라. 상대방의 얼굴을 일광욕하듯 당신의 따뜻한 눈빛으로 바라 보라.

   효과적으로 상대방의 말에 귀를 기울이기 위해서 당신은 상대방이 말을 하는 도중에 말을 끊거나 멈추게 해서는 안 된다. 상대방이 방금 말한 것을 진지하게 받아들이고 있다는 표시로 말이 끝나면 잠깐 멈추었다가 반응하라.

8. 말의 명확한 의미를 질문을 통해 확인하라.

이해가 가지 않는 부분이나 오해의 소지가 있다고 판단되는 부분이 있으면, 방금 한 말을 "어떤 의미에서" 한 것인지 상대방에게 물어보라. 항상 질문하는 사람에게 대화의 주도권이 있음을 명심하라. 상대방이 하는 말과 관련해 질문하고 그것에 대한 답변을 유심히 듣는다면, 상대방은 당신과 대화하는 것 자체를 편안하게 느끼고 당신을 신뢰할 수 있는 사람으로 여겨 나아가 당신을 긍정적으로 생각할 것이다.

9. 대화를 할 때 당신의 말을 조금 다르게 바꿔서 반응하라.

이것이 진정한 마지막 듣기 시험이다. 당신이 평상시 하던 말 대신 다른 말로 바꿔 표현을 하면 당신이 제대로 상대방의 말을 집중해서 듣고 있음을 상기시켜줄 수 있다. 인간관계를 넓힐 때 다른 사람들에게 먼저 도움을 주려고 노력하고 동시에 그들이 당신과 함께할 때 스스로 중요한 사람으로 느끼게 한다면, 누구든 당신이 하려는 일을 응원하고 도움을 주려고 할 것이다. 이렇게 함으로써 당신의 과녁 정중앙을 맞힐 수 있고 성취하려는 목적을 이룰 것이다.

QR × QR = QL

관계의 질
(QR: Quality of Relationships)

×

관계의 수량
(QR: Quantity of Relationship)

=

삶의 질
(QL: Quality of Life)

CHAPTER 7

지속의 힘

어떠한 장애와 역경에도 불구하고 끝까지 목표를 향해 나아가는 의지는 당신을 궁극적 성공에 이르게 할 수 있는 보증수표다.

큰 목표를 세운 뒤 곧바로 당신은 길을 방해하는 폭풍우와 거센 바람을 만나게 될 것이다. 큰 목표를 설정하자마자 경험하게 되는 시련과 역경 그리고 예상치 못한 장애물들은 이미 예견된 것들이다. 이것은 흔히 일어나는 일이며 모두 예정되어 있던 일이라는 사실을 명심해야 한다.

목표를 크게 잡아라

어느 날 내 강연회에 참석했던 한 사람은 6개월 안에 현재 수입의 두 배를 벌겠다는 목표를 세웠다. 그러나 그 이튿날 월요일에 출근하자마자 회사가 부도 나서 다른 직원들과 마찬가지로 정리해고 되었다는 사실을 통보 받았다.

그는 이렇게 말했다. "오히려 잘됐군! 수입의 두 배를 벌기로 작정했는데 이제 실업자가 되었네."

며칠 뒤, 그의 부인은 장을 보다 우연히 그녀의 옛 동창과 마주쳤다. 오랜만에 만나 대화를 하던 중 그녀는 동창의 남편이 최근에 사업을 새로 시작했고 회사의 신제품을 판매할 능력 있는 세일즈맨을 영입하려고 한다는 사실을 알게 되었다. 이 이야기를 듣자마자 그녀는 자신의 남편이 세일즈에 탁월한 능력이 있고 마침 지금 일자리를 구하는 중이라고 말했다. 그리고 남편과의 만남을 주선해주길 부탁했다.

뜻밖의 행운

결과적으로 그는 그 주 금요일에 면접을 보았고 일자리를 얻었다. 그 다음 주 월요일 그는 새 직장에서 일을 시작했다. 판매하는 제품 자체도 훌륭했고 회사도 번창하게 되어서 입사한지 두 달 만에, 그는 그의 인생에서 벌었던 돈의 액수보다 두 배 이상을 벌었다.

결국 돌이켜 생각했을 때, 그는 만약 이전 직장을 잃지 않았다면,

새 직장을 얻어 그가 성취하고자 하는 목표를 결코 이루지 못했을 것이라는 사실을 깨달았다. 이와 같은 일은 당신에게도 충분히 일어날 수 있다.

역경을 딛고 일어서라

눈앞에 다가오는 역경에 얼마나 잘 대처하는지가 당신에 대해 많은 것을 말해준다. 예상치 못했던 어려움이 닥쳤을 때 그것을 얼마나 잘 이겨내고 충격을 입었을 때 얼마나 빠르게 원래대로 회복하는가가 당신 성격의 일부를 말해주기 때문이다. 나폴레온 힐Napoleon Hill은 이런 말을 남겼다. "인간에게 끈기란 강철에게 탄소와 같다."

극복할 수 없을 것처럼 보이는 문제에 직면하기 전까지 당신은 스스로 어떤 사람인지 제대로 알 수 없다. 그러나 다행히도 신은 우리에게 결코 감당할 수 없는 문제를 던져주지는 않는다.

실패란 존재하지 않는다. 단지 부족한 부분에 대한 반성만이 있을 뿐이다.

성격개발

어쩔 수 없이 다가오는 단기간의 실패나 어려움에 대처하는 데 도움이 될 수 있는 몇 가지 입증된 기술들을 소개하려고 한다. 이 기술들을 잘 활용하면 다가오는 어려움과 여러 장애물에 좀 더 유연하게 대처할 수 있을 것이다.

1. 침착하라.

숨을 깊게 들이쉬고 그냥 잠시 휴식을 취해라. 화가 나거나 감정적이 될 때 두뇌의 신피질-생각, 추론, 결정을 담당하는 부분-은 작동을 멈추게 된다.

화가 나거나 무언가를 걱정하게 될 때는 소뇌의 편도체 부분-본능적 의사결정을 담당하는 부분-이 활성화된다. 편도체가 활성화된 상태에서 당신은 잘못된 결정을 내리거나 잘못된 행동을 할 가능성이 커진다. 그러니 화가 날 때도 침착하라.

2. 사실관계를 파악하라.

역경에 부딪혔을 때, 우리는 처음 그것에 압도될 수 있으나 생각만큼 그렇게 나쁜 상황이란 없다. 설사 생각보다 더 나쁜 상황이라 하더라도 상황에 대응하기 전 우선 사실 정보부터 수집하라. 자신에게 질문을 던져라. '정확히 무슨 일이 벌어진 것인가? 이 일이 어떻게 일어난 것인가? 누가 이 일에 연루되어 있는가? 어떻게 확신할 수 있는가?'

질문들을 던지고 나서 우리는 무언가를 잘못 파악하고 있었다는 사실을 종종 깨닫게 된다. 우리가 알게 된 사실이 어쩌면 진실이 아니거나 부분적으로만 진실일 가능성도 크다. 뛰어난 사람들처럼 질문을 끊임없이 던져봄으로써 당신은 침착성을 유지하며 자기 생각과 감정을 적절히 통제할 수 있다. 화가 난 상태에서 동시에 질문을 던지기란 생각보다 쉽지 않다.

3. 모든 상황에서 좋은 점을 찾아라.

인생에서 당신이 이룬 최고의 성취와 성공도 사실 처음에는 엄청난 양의 스트레스와 불안을 초래하는 장애물과 문제점을 가지고 있었다. 지금까지의 인생을 돌이켜보면 다니던 직장을 잃거나, 애인과 헤어지거나, 혹은 사업에 실패하던 때에도 언제나 그 안에서 배울 점이 분명 있었다는 것을 알게 될 것이다. 잠깐의 실패를 통해 배운 교훈을 토대로 더 큰 성공과 행복을 추구하면 된다.

4. 모든 역경에서 배울 점과 교훈을 찾아라.

모든 위대한 성공의 비밀은 바로 여기에 있다. 역경은 당신을 넘어뜨리기 위해 찾아오는 것이 아니라 당신을 올바른 길로 인도하기 위해 찾아오는 것이다.

앞으로 문제가 발생하면 자신 있게 그 안에 숨어있는 씨앗을 찾는 습관을 길러라. 그 씨앗에는 당신을 더 높은 성공으로 인도해줄 교훈이 담겨 있다.

좋은 점은 반드시 있다

22년간 현대에서 가장 성공했다는 평판을 얻는 500명을 대상으로 인터뷰를 한 뒤 나폴레온 힐은 다음과 같은 결론을 얻었다. "모든 역경과 실패 그리고 고난은 그것과 같은 정도의 혹은 더 큰 이익을 가져다 줄 씨앗과 함께 온다."

당신이 할 일은 그 씨앗을 찾는 것이다. 클레멘트 스톤W. Clement Stone은 어떤 문제에 직면할 때마다 곧바로 "잘됐군!"이라고 말하며 문제를 대수롭지 않은 것으로 치부하곤 했다. 그리고 나서 곧 사람들과 머리를 맞대고 문제에서 찾을 수 있는 좋은 점들을 찾는데 착수했다.

주목할 만한 사실은 당신이 찾으려고만 하면 어떤 상황에서도 분명 좋은 점이 있다는 것이다. 때론 문제에서 발견한 좋은 점이 문제로 인한 손실보다 더 큰 이익을 가져다 주기도 한다.

무엇이 가장 큰 문제인가?

지금 현재 당신이 인생에서 직면하고 있는 가장 큰 문제는 무엇인가? 모든 사람에게 해결해야만 하는 일련의 문제들이 있다. 그러나 그 중에서도 다른 어떤 것보다 훨씬 심각하고 당신을 좌절하게 만드는 문제가 분명 하나 있을 것이다. 그리고 그 하나의 문제가 다른 문제들의 근본적 원인으로 작용하는 경우가 많이 있다. 당신의 문제는 무엇인가?

이제 이렇게 상상해보자. 당신이 가지고 있는 그 문제는 사실 미래에 더 큰 행복과 성공의 길로 당신을 인도해 줄 교훈을 담고 있는 선물이라고 말이다.

선물을 찾아라

노먼 빈센트 필Norman Vincent Peale은 이렇게 말했다. "신이 우리에게 선물을 보낼 때 항상 문제로 그것을 포장한다. 포장지인 문제가 크면 클수록 그것이 감싸고 있는 선물의 크기도 함께 커진다."

현재 당신의 문제가 감싸고 있는 선물은 무엇인가? 놀랍게도 문제가

감싸고 있는 선물이나 소중한 교훈을 찾으려고만 하면 언제든지 찾을 수 있다.

문제가 클수록 그리고 오래 지속할수록, 그 안에 여러 개의 선물이 포장되어 있을 가능성이 있다. 찾으려고 하면 반드시 보인다.

실수로부터 배워라

몇 년 전, 나는 사업상 어려운 시기에 부딪히게 되었다. 그로 인해 나는 막대한 양의 돈을 잃었고 매일 밤 잠을 이루지 못했다. 나는 책상 앞에 앉아 종이 한 장을 꺼낸 뒤, 종이의 맨 위에 '이 경험을 통해 내가 배운 것은 무엇인가?'라는 제목을 달았다.

나는 스스로 이번 실패를 통해 배운 교훈 스무 개를 적었다. 당시에 적었던 스무 개의 교훈들은 이 다음 내가 사업에서 겪게 되는 다양한 상황들의 기준을 제시해주는 동시에 더 큰 도약을 위한 자양분이 되었다. 이 때 얻은 교훈들을 바탕으로 현명한 의사결정을 내릴 수 있었고 잃었던 돈을 모두 되찾을 수 있었다.

인생에서 실수는 누구나 저지를 수 있다. 어쩔 수 없는 상황과 피할 수 없는 우연이 있기 때문이다. 실수하는 것 자체는 잘못이 아니다. 단, 실수로부터 아무것도 배우지 못하는 것은 잘못일 수 있다. 실수를 통해서 배울 수 있는 모든 지식과 통찰력을 교훈으로 끄집

어내 같은 실수를 반복하지 않도록 해야 한다.

1. 어떠한 경우든 문제에 대한 책임을 받아들여라.

문제가 발생했을 때 다른 사람이나 상황을 탓하며 비겁한 변명을 늘어놓지 마라. 이것은 패배자들이 흔히 빠지는 덫이다. 단순히 "내 책임이다"라고 인정하고 모든 것을 시작하라.

설령 문제가 발생한 데 당신 잘못이 전혀 없더라도 다른 사람이나 상황을 탓하는 것은 문제 해결에 아무런 도움이 되지 않는다. 문제 상황에 대한 책임을 받아들이고 오히려 평정심을 유지한 채 상황을 긍정적으로 해석하려고 시도하라. 이렇게 함으로써, 당신은 상황을 객관적으로 분석하고 통제할 능력을 얻게 된다. 이때, 당신의 두뇌는 문제 해결에 최적화된 상태에서 효율적으로 작동할 것이다.

2. 문제 해결 능력을 길러라.

성공한 사람들의 특징은 그들이 대부분의 생각하는 시간을 문제를 해결하는 데 쓴다는 것이다. 그들은 마치 멈추지 않는 바다의 파도처럼 인생도 문제 상황의 연속이라는 사실을 인식하고 있다. 따라서 그들은 문제 자체에 화를 내거나 하지 않는다.

대신 어떻게 하면 문제를 해결할 수 있는가를 끊임없이 고민해 해결책을 찾아내는 데 초점을 맞춘다. 그들은 끊임없이 문제 해결을 위해 자신들이 취할 수 있는 행동에 대해 고민한다. 어떻게 하면 장애물을 치워내고 앞으로 나아갈 수 있는가? 이것에 초점을 맞춰라.

3. 마음을 미리 계획하라.

내가 인생에서 배운 가장 중요한 교훈 중 하나가 자신의 마음을 계획하는 능력이다. 마음을 계획하는 능력이란 특정 상황에서 어떤 식으로 반응할지를 미리 생각하여 정하는 능력을 말한다. 예를 들어, 당신은 어떤 일이 일어나더라도 절대로 포기하지 않겠다고 미리 결정할 수 있다. 그러면 성공할 때까지 계속 시도할 것이다. 당신은 다양한 것들을 시도하겠지만, 궁극적인 목표를 성취하기 전까지 그 시도를 멈추지 않게 될 것이다.

알람시계와 같이

자신의 마음을 이런 식으로 미리 계획하면, 온갖 종류의 실패나 역경에 부딪힐 때 당신은 마치 알람시계가 제시간에 울리는 것처럼 자동으로 반응하게 된다. 실패로 인한 처음 충격과 실망에서 금세 회복되어 긍정적 마음가짐을 가지고 다시 도전하게 될 것이다. 결국, 당신은 이런 방식으로 목표를 성취할 때까지 멈추지 않을 것이다.

강력한 문제해결 방법이 하나 있다. 주로 높은 수준의 정부와 회사경영에서 많이 사용하는 이 방법은 매우 단순하지만 동시에 막강하다.

첫째, 문제를 분명하게 정의하라. 대략 모든 문제의 50%는 처음 정의를 분명히 내림으로써 곧바로 해결된다. 그리고 물어라. "나머지 문제는 무엇인가?"

단 한 가지 방식으로 정의되는 문제는 없다. 만약 문제가 하나로 정의된다면, 그것을 한 번 의심하는 것이 좋다. 문제를 다양한 방식으로 정의 내리면 내릴수록 정답에 가까운 해결책을 찾는 것이 더욱 수월해진다.

둘째, 문제를 정확히 파악했다면, 이제 이렇게 물어라. "해결책이 무엇인가?" 어떤 문제든 단 하나의 해결책이 존재하는 경우는 없다. 만약 그렇다면, 다시 한 번 의심하라. 한 가지 해결책을 찾았다면, 이렇게 한 번 더 물어라. "다른 해결책은 무엇이 있는가?"

머릿속으로 떠올릴 수 있는 해결책의 가짓수와 질 사이에는 직접적인 관계가 존재한다. 해결책의 양에 따라 의사결정의 질이 결정된다.

최악의 결과

문제와 관련된 걱정과 불안을 최소화하는 방법의 하나는 "재난 보고서"를 작성하는 것이다. 재난 보고서를 작성하면 최악의 상황이 다가와도 침착성을 잃지 않고 문제를 명확하게 볼 수 있다.

우선, 문제를 명확하게 정의하라. 되도록 문제를 정의할 때 글로 써보는 것이 좋다. 글쓰기 행위를 통하면 생각을 정리하고 해결책에 문제를 맞히는 것이 훨씬 수월해질 수 있다.

그 다음 이렇게 물어라. "이 문제로 발생할 수 있는 최악의 결과는 무엇인가?" 최악의 경우의 수를 미리 한번 상정해보라. 그리고 나서 현재의 문제로 인해 발생할 수 있는 최악의 결과가 있음을 인정하고 그 상황에 정면으로 대처하라.

세 번째로, 최악의 상황이 발생하더라도 대처할 수 있는 계획과 해결책을 제시하라. 이렇게 하는 과정에서 정말 놀라운 일이 벌어질 것이다. 최악의 상황을 미리 생각해두고 만약 발생 하더라도 이것을 받아들이기로 하면, 걱정이나 근심은 저 멀리 사라질 것이다. 스트레스와 긴장감도 어딘가로 증발해버리고 침착성을 유지할 수 있다.

마지막으로, 최악의 상황에서 벗어나 더 나은 방향으로 이끌기 위해 할 수 있는 일을 지금 당장 시작하라. 최악의 상황이 발생하는 것을 막을 수 있는 모든 것을 생각해보고 당신이 지금 할 수 있는 일을 시작하라.

이 네 가지 방법은 가히 혁신적이라고 할 수 있다. 인생에서 문제 상황과 시련을 마주할 때마다 이 방법을 사용해 문제 해결에 근접해 갈 수 있다. 문제를 명확히 정의하고, 최악의 결과를 상정하고, 최악의 결과가 펼쳐지더라도 그것을 받아들이겠다고 결심하고, 마지막으로 최악의 결과로 상황이 전개되지 않도록 무언가를 행동으로 옮겨라.

스트레스와 걱정을 없애라

이제 정말 마지막이다. 걱정을 없애고 끈기 있게 나아가 계속 목표를 이루기 위해 행동하라. 문제 상황과 어려움을 걱정하면서 보낼 시간이 없다. 걱정을 잠식할 수 있는 유일한 방법은 계속해서 행동하는 것이다. 계속 행동하는 것이야말로 당신을 궁극적 목표에 도달할 수 있게 하는 비밀이다.

인생의 목표, 즉 과녁의 중앙을 명중시키기 위해선 그 과녁이 무엇인지를 명확하게 볼 수 있어야 한다. 목표가 무엇인지를 분명히

한 뒤에, 매일 실천 할 수 있는 계획을 세워라. 계획에서 가장 중요하다고 생각하는 것을 먼저 실행에 옮겨라. 성공할 때까지 끈을 놓지 않겠다고 스스로 결심하라. 어떤 일이 벌어지더라도 절대로 포기하지 않겠다는 사실을 각인시켜라.

이러한 일련의 과정을 계속해서 반복하면, 인생에서 승리하는 습관을 얻게 될 것이다. 많은 사람들이 수년에 걸쳐 성취하는 것을 당신은 단 몇 개월 만에 이루어낼 수도 있게 될 것이다. 행운을 빈다!

가라!
이제 당신 앞에 놓여있는
멋진 것들을 **성취**하라!
당신은 **할 수 있다**.

성공을 위한 연습 1단계
주요 목표 정하기

• 주요 목표 (당신이 최종적으로 이루고자 하는 것)

주요 목표 : _____

_____ 년 _____ 월 _____ 일

• 구체적인 목표 10가지를 적어보자. (24~25페이지 참조)

1. _____
2. _____
3. _____
4. _____
5. _____
6. _____
7. _____
8. _____
9. _____
10. _____

성공을 위한 연습 2단계

목표 설정

1. 당신의 목표는 무엇인가?

나의 목표는 _____ 이다.

2. 당신은 언제까지 목표를 달성할 것인가?

나는_____ 년____ 월____ 일까지 목표를 달성할 것이다.

3. 목표를 이루기 위해 해야 할 일

내게 필요한 기술과 지식	극복해야 할 것
☐	☐
☐	☐
☐	☐
☐	☐
☐	☐

그냥, 닥치고 하라!

4. 일의 중요도와 순서 (28~29페이지 참조)
   - 3번 항목에서 "해야 할 일"의 순서를 정하는 일

   1. _____ ☐
   2. _____ ☐
   3. _____ ☐
   4. _____ ☐
   5. _____ ☐
   6. _____ ☐
   7. _____ ☐
   8. _____ ☐
   9. _____ ☐
   10. _____ ☐

   - 나를 도와줄 사람은 누구인가?
   _____

   - 지금 당장 해야 할 일을 시작하라!

성공을 위한 연습 3단계
목표 공유

1. 당신의 목표는 무엇인가?

나의 목표는 _____ 이다.

2. 당신은 누구와 이 목표를 공유하고 싶은가?

나는 _____ 와 이 목표를 공유하고 싶다.

- 목표설정 7단계
  1) 원하는 것이 무엇인지 명확하게 구체화시켜라.
  2) 목표를 종이 위에 적고 수치화시켜라.
  3) 기한을 정하라.
  4) 목표를 이루기 위해 해야 하는 모든 일을 적어라.
  5) 4단계 일의 목록을 중요도와 순서에 따라 체계화시켜라.
  6) 행동하라.
  7) 포기하지 않고 매일 반복하라.

- 자기관리 4단계

    1) 목표를 명확하게 적어라.

    2) 구체적인 행동을 계획하라.

    3) 목표를 위해 해야 할 일 목록을 정리하라.

    4) 우선 순위를 정하라.

- 인간관계를 좋게 하는 9가지 전략

    1) 다른 사람을 비난하거나 불평하지 마라.

    2) 유쾌한 사람이 되라.

    3) 받아들이는 연습을 하라.

    4) 감사를 표현하라.

    5) 존경을 표현하라.

    6) 인정을 표현하라.

    7) 관심을 가져라.

    8) 말의 명확한 의미를 질문을 통해 확인하라.

    9) 대화할 때 당신의 말을 평소와 다르게 바꿔서 반응하라.

PART II
실 행

Just Shut up and DO IT!

INTRODUCTION

INTRODUCTION
승리는 승자들을 위한 것이다

"사람의 내면 깊은 곳엔 잠들어 있어 아직
발휘되지 못한 능력이 있다. 자기 자신을 놀라게 할 만큼
강력하고 자신이 가지고 있을 거란
생각조차 해보지 못할 만큼 매력적인 능력이다.
그 능력을 발견하여 제대로 사용한다면
그 사람의 인생에는 큰 혁명이 일어날 것이다."

- 오리슨 스웨트 마든 Orison Swett Marden

당신은 한평생 사용할 수 있는 것보다 더 뛰어난 능력과 재능을 이미 가지고 있다. 스스로 설정한 목표를 이루는 데 필요한 모든 지적 능력은 물론이고, 더불어 추가로 필요한 것들을 배우고 습득하기에 충분한 능력 또한 지금 현재 갖고 있다. 당신이 되고자 하는 것, 하고자 하는 것, 그리고 갖고자 하는 것에 한계란 없다. 유일한 한계가 있다면 그것은 당신이 스스로 부여한 한계뿐이다.

중요한 질문

오래전 나는 이런 고민을 하기 시작했다. "어째서 어떤 사람들은 다른 사람들보다 더 성공적인 인생을 사는 것일까?"

　질문의 정답은 뜻밖에 너무나 간단해 대부분의 사람을 놀라게 했다. 성공은 당신이 지금 하는 것, 그것을 통해 얻는 결과, 그리고 원하는 결과에 얼마나 빠르고 효율적으로 다다르는가에 달려있다.

　성공과 당신이 말하고, 바라고, 미래의 언젠가 하려고 생각하는 것 사이에는 어떠한 상관관계도 없다. 성공은 당신이 지금 당장 하는 일에 달려있다. 헨리 포드Henry Ford도 말했듯, "당신이 미래에 하고자 하는 것으로 당신의 명성을 쌓을 수는 없다."

　현재 우리는 인간의 역사를 통틀어 가장 빠르게 변화하고 미래를 예측하기엔 너무나 많은 변수가 복합적으로 작용하는 불확실한 시대를 살고 있다. 이렇게 빠른 변화는 사람들의 주의를 산만하게 만들고, 심지어 불안정하고 무기력하게 만들기도 한다. 따라서 많은 사람이 느리게 세월을 보내며 자신의 능력에 훨씬 못 미치는 삶을 꾸리며 살아간다.

가장 가치 있는 자산

회사가 지켜야 할 가장 가치 있는 자산은 무엇인가? 하버드 경영대학원에 따르면, 그것은 바로 명성(브랜드 가치)이다. 즉, 회사는 회사 자체의 이미지 혹은 그 회사의 제품이나 서비스에 대해 사람들이 어떻게 말하고 다니는가를 가장 신경 써서 관리해야 한다. 입소문이 기존 고객보유 및 미래의 잠재고객 유치에 미치는 영향은 생각보다 크다.

 기술과 정보 및 고객들의 취향은 시시각각으로 변하기 때문에, 그 어느 때보다 회사가 제공하는 제품과 서비스도 빠르게 변하고 있다. 그러나 명성만큼은 그대로 유지된다. 사실 명성이 곧 전부라고 해도 과언이 아니다. 애플이나 구글 같은 회사를 예로 들어보자. 그 회사들이 가지고 있는 명성 자체가 매우 뛰어나기 때문에 이들은 해당 업계에서 당당히 리더역할을 맡을 수 있다.

 그렇다면, 당신에게 있어 가장 공들여 관리해야 하는 자산은 무엇인가? 답은 마찬가지로 명성이다. 다른 사람들이 당신이 자리에 없을 때 당신에 대해 무엇을 어떻게 말하는지를 관리해야 한다. 명성이란 사람들이 당신이란 사람을 묘사할 때 어떤 단어를 선택하고 또 당신의 능력에 대해 얼마나 좋게 평가하는지와 관련 있다.

.

임무를 완수해내는 능력

당신을 평가할 때 가장 중요하게 작용하는 것이 바로 어떤 일을 시작해서 끝까지 완수해내는 능력이다. 얼마만큼 일을 빠르게 잘 완수하느냐에 따라 사람들 사이에서의 신뢰는 당신이라는 사람을 평가하는 데 중요한 척도로 작용한다. 일을 완수해내는 능력과 이와 관련된 명성은 다른 무엇보다 당신의 행복과 건강, 성공, 그리고 부富와 직결된다.

당신의 인생에 있어 가장 이루고 싶은 목표는 무엇인가? 아리스토텔레스에 의하면 모든 목표의 이면에 가장 핵심적인 목표가 있다. 그것은 바로 행복이다. 성공과 실패를 떠나, 당신이 시도하는 모든 것들은 결국 어떠한 방식으로든 행복에 다다르기 위함이다. 사실상 당신이 진정으로 얼마만큼 행복한 시간을 보내고 있는지를 계산하여 성공의 척도로 삼을 수도 있다. 사람에게 다른 그 어떤 성취나 돈보다 중요한 가치가 바로 행복이다.

행복에 다다르는 길

어떻게 행복해질 수 있는가? 간단히 정의하자면 행복은 곧 자신이 바라는 모습에 점진적으로 가까워져가고 있다는 확신이다. 스스로 중요하다고 생각되는 목표물에 한 걸음씩 가까이 다가가고 있다고 느낄 때 사람은 자아가 진정으로 충족되고 행복감을 느낄 수 있다.

모두가 승리자가 되고 싶어 한다. 우리는 모두 다른 사람들에게 승리자로 인정받고 인식되기를 원한다. 어떻게 승리할 수 있냐고? 간단하다. 이기면 된다.

이기는 것은 무엇인가? 달리기를 예로 들어, 결승선에 남들보다 먼저 다다르는 것이다. 그러면 당신은 승리자가 된다.

인생에서도 마찬가지로 당신에게 가장 가치 있고 중요한 업무 혹은 일을 제시간에 아니, 더 이상적으로 남들보다 먼저 시작해서 끝내면 당신은 이기게 된다. 그렇게 되면 당신은 더할 나위 없이 스스로 자랑스럽게 여길 것이다. 이때, 당신의 뇌는 자연이 선사하는 일종의 '행복 마약'인 엔도르핀을 분비하고, 이는 당신에게 평화와 안정을 가져다준다. 승리자가 된 것처럼 느끼게 되는 것이다.

지금 당장 시작해서 계속해라

당신 혹은 당신의 회사에서 가장 가치를 두는 일을 시작해서 그 일을 완수할 때까지 계속 움직이는 능력이 결국 인생에서 승리하고, 행복해지고, 명성을 쌓고 성공할 수 있는 비결이다.

이 책에서 나는 다른 평범한 사람들이 평생에 걸쳐 성취할 수 있는 것보다 더 많은 것을 단 몇 달 만에 성취할 수 있는 일곱 가지의 이미 검증되고 쉬우면서도 실용적인 방법들을 당신에게 알려줄 것이다.

그럼 이제 시작해보자.

> **"멈추지만 않는다면
> 느리게 가는 것은
> 중요하지 않다."**
>
> — 공자

CHAPTER 8

성공의 가장 큰 장애물

> "처음에는 우리가 습관을 형성하지만,
> 나중에는 습관이 곧 우리를 형성한다."
>
> - 존 드라이든 John Dryden

당신이 하는 일과 실패하는 일은 거의 95% 습관에 의해 결정된다. 당신이 내리는 선택은 생각습관(과거 경험을 근거로 그렇게 생각하도록 짜인 프로그램)과 행동습관(어떤 행위를 하거나 하지 않는 것에 익숙한 행동)에 의해 결정된다.

성공에서 가장 큰 장애물은 사람들이 가지고 있는 부정적 습관들이다. 이러한 습관들은 해가 거듭될수록 무의식적으로 당신이 잠재능력을 구현하는 것을 저지하고 방해한다.

그래도 다행인 점은 생각습관과 행동습관 모두 후천적으로 학습된다는 것이다. 습관이 학습될 수 있는 것이라면, 다시 재학습하여 기존 습관을 없애거나 새롭게 긍정적인 습관으로 바꿀 수도 있다. 새로운 일을 시작해 끝까지 일을 끝마치는 습관을 들이면 남들보다 더 빨리 승진하고 더 많은 보수를 받을 수 있다.

새로운 것을 발전시켜 더 좋은 습관을 길러라
습관은 새롭게 부정적이거나 긍정적인 정보를 받아들여, 그 정보를 바탕으로 어떤 행동을 반복적으로 수행했을 때, 나중에 그것이 조건반사적으로 나오는 것이다. 한번 습관이 굳어져 몸에 배면, 내가 하는 행동에 어떤 의문이나 설명을 요구하지 않고 몸이 자동으로 반응하게 된다.

최악의 습관은 자기한계믿음에서 비롯된다. 사실여부와 관계없이 스스로 어떤 방식으로든 한계를 짓는 영역이 존재한다. 결과적으로 당신은 스스로 산정한 한계를 기정사실화시켜 행동하게 된다. 결국, 그렇게 믿고 행동하기 때문에 그 믿음은 사실이 되어버린다. 오래된 속담에도 있듯, "생각하는 모습이 당신의 진짜 모습은 아니다. 그러나 그 모습을 믿어버리면 그 모습이 곧 당신이다."

당신의 믿음에 도전하라

성공으로 나아가기 위한 첫걸음은 자신은 못 할 거라고 스스로 제한 짓는 가정과 과감히 싸우는 것이다. 여기에는 어느 정도 시간이 걸린다.

어떤 사람들은 학교 다닐 때 좋은 성적을 거두지 못했기 때문에 자신의 지력이 모자란다고 생각한다. 그러나 복잡한 산업에서 가장 큰 성공을 거둔 대부분의 사람도 학창시절 공부를 잘하지 못했다.

사람들은 스스로가 충분히 창의적이고, 자신을 통제할 수 있으며, 시간 관리를 잘하고, 새로운 것을 배우고 실천할 능력을 가지고 있다는 사실을 그저 믿지 않기 때문에 많은 경우 성공과는 거리가 먼 길을 걷는다. 그들은 이렇게 말한다. "나는 원래 그래." 그들은 스스로 원래 그렇게 태어났기 때문에 더 발전하고 앞으로 나아갈 수 없다고 믿는다.

그러나 실제 대부분의 자기한계믿음은 사실이 아니다. 그러한 믿음은 당신이 받아들인 어떤 정보 때문에 생겨났다. 때때로 다른 사람들의 의견이나 비판에서 그 정보를 받아들였을 수도 있고 어쩌면 그냥 별자리점괘 결과를 통해 받아들였을 수 있다.

당신의 잠재력에 제동을 거는 장치

자기한계믿음 중 가장 좋지 않은 영향을 주는 것은 실패에 대한 두려움이다. 이것은 당신이 정해놓은 목표를 이루지 못할까 봐, 실수를 저지를까 봐, 혹은 현재 가진 것을 잃고 가난해질까 봐 앞으로 나아가는 것을 두려워하는 심리다. 실패에 대한 두려움에 사로잡혀 있는 사람은 끊임없이 늘 왜 안 되는가에 대한 이유를 늘어놓는다. 왜 이것은 좋지 않은 생각이고, 그것을 통해 왜 시간과 돈이 낭비될지에 관한 이유를 찾는다. 다른 모든 두려움과 마찬가지로 실패에 대한 두려움은 우리의 행동을 마비시키고, 판단을 흐리며, 때로는 우리를 마치 덫에 걸려 잔뜩 겁에 질린 사슴처럼 느끼게 한다.

코끼리 길들이기

나는 학술대회에서 종종 이런 질문을 던진다. "인도산 코끼리를 어떻게 길들일 수 있을까요?" 한 때, 인도코끼리들은 마하라자 왕조 시절 일종의 전투용 전차 역할을 담당했다. 전시상황에서 창과 화살을 싣고 궁수들의 이동수단이었을 뿐만 아니라 포악하고 난폭한 성정으로 적을 위협하고 날카로운 상아로 상대편을 찢어버리기까지 했다. 코끼리들이 워낙 겁없이 공격하여 위협적인 존재였기 때문에 적들은 인도코끼리를 발견하는 즉시 달아나곤 했다.

오늘날 이 코끼리들은 짐을 나르는 수단으로 쓰인다. 또한, 평온하게 밭을 갈고, 통나무를 옮기고, 주인이 시키는 대로 움직이다가 때가 되면 우리로 돌아가 조용히 그 안에 머무른다. 예전의 흉포함과 적에게 두려움을 심어주던 모습은 온데간데없이 사라졌다. 어떻게 된 일일까?

훈련이 시작되다

코끼리의 어린 시절, 주인은 새끼 코끼리를 엄마에게서 떼어놓고 새끼 코끼리의 다리를 강한 줄로 묶어 땅속 깊숙이 박혀있는 말뚝에 매어놓는다. 새끼 코끼리는 줄을 끊고 엄마에게 돌아가기 위해 안간힘을 쓰며 울부짖고 저항하지만 모든 노력은 헛수고로 돌아간다. 다리를 감싸고 있는 줄은 너무 강하고 말뚝은 땅속 깊숙이 박혀있어 어찌할 도리가 없다는 걸 인지하고 결국 새끼 코끼리는 저항하는 것을 포기한다.

매일 주인은 새끼 코끼리를 엄마에게서 떼어내 말뚝에 몇 시간 동안 매어 놓는다. 이내 새끼 코끼리는 자신이 기둥에 매여있을 때 스스로가 무력하다는 사실을 받아들이게 된다. 새끼 코끼리는 현대 사회의 가장 큰 병폐인 학습된 무력감을 배우게 된다.

코끼리는 포기하게 된다

코끼리가 5톤짜리의 지구에서 가장 거대한 동물로 성장했을 때, 코끼리 주인이 하는 일은 그저 코끼리의 한쪽 다리를 개 줄 같은 것에 묶어 놓는다. 다리가 줄에 묶인 코끼리는 움직이거나 줄을 끊어내기 위해 몸부림치려는 시도조차 하지 않은 채 고분고분해진다. 이때 주인은 코끼리의 다리를 묶은 줄을 근처의 천막 기둥에 고정시킨다. 코끼리는 사실상 담장을 부수고 집을 무너뜨릴 정도의 힘을 갖고 있지만, 그저 작은 줄에 다리를 묶인 채 가만히 주인이 돌아올 때까지 잠자코 기다린다.

   코끼리에게 가해졌던 훈련을 우리도 어린 시절 똑같이 겪었다. 부모는 아이에게 아주 어린 시절부터 "안돼!" 혹은 "그만", "가지마", "만지지 마"와 같은 금지어를 가르치기 시작한다. 때때로 아이가 말을 듣지 않으면 체벌도 고사할 수 있다. 자라나는 아이는 곧 자신이 작고 무능력하며 매우 약한 존재라는 것을 깨닫고 새로운 것 또는 익숙하지 않은 것을 시도하는데 어려움을 느끼기 시작한다.

무력감의 근원

대부분의 사람이 이와 비슷한 어린 시절의 경험을 지니고 있다. 앞에서 말한 코끼리처럼 당신은 새롭거나, 기존의 방식과 달라 익숙하지 않거나, 예상치 못했거나 불확실한 것에 직면하면 자신에게 다음과 같이 외치는 것을 당연하게 받아들이는 사람으로 자라게 된다. "나는 못해! 나는 못해! 나는 못해!"

실패에 대한 두려움은 당신이 새로운 것을 시도하고, 위험을 감수하고, 기존의 익숙한 영역을 벗어나 고정관념을 깨는 행동을 하지 못하도록 저지한다. 새로운 것을 시도함으로써 당신이 성장할 가능성을 생각하는 대신, 당신은 오직 최악의 경우와 불리한 상황만을 고려하게 된다. 인도코끼리처럼 당신은 주인의 명령을 기다리는 수동적 존재가 되어버리는 것이다. 전체 인구의 80%가 이와 같은 수동적 상태를 지속하며 살아간다.

목표를 크게 잡아라

여기서 당신에게 질문을 하나 던지겠다. 당신은 행복하고, 건강하고, 유명해지고, 날씬하고 돈을 많이 벌고 싶은가?

여기에 대부분의 사람은 이렇게 대답할 것이다. "무슨 그런 바보 같은 질문을 하고 있어! 당연히 행복하고, 건강하고, 유명해지고, 날씬하고 많은 돈을 벌고 싶지."

생각은 그렇게 할지 몰라도, 마음속 깊은 곳에선 그것이 결코 스스로 가능한 일이 아니라고 치부할 것이다. 이걸 어떻게 아느냐고?

당신이 지금 무엇을 하고 있는가를 보면 간단히 알 수 있다. 진정으로 그렇게 되기를 원한다면 매일 원하는 목표를 달성하기 위해 무언가 행동을 할 것이다. 진짜 원한다면 그 어떤 것도 당신이 성취해내는 것을 막을 수 없다.

당신의 행동이 진실을 말한다

당신이 말하고, 바라고, 희망하고, 생각하는 것은 중요하지 않다. 정말 중요한 것은 당신이 지금 무엇을 하고 있느냐다. 매 순간순간 당신이 하는 모든 행동이 당신이 어떤 사람이고 진짜로 무엇을 원하는지 말해준다.

지금까지 당신이 내린 선택이 쌓이고 쌓여 현재의 당신을 만들어냈기 때문이다. 당신이 지금 어디에 있는가 또한 마찬가지로 과거 선택의 결과이다. 이미 지나간 과거는 바꿀 수 없다. 그러나 미래는 바꿀 수 있다. 현재 더 나은 선택을 함으로써 미래를 원하는 방향으로 만들어갈 수 있다.

성공의 열쇠

당신이 하는 행동의 95%는 습관에 의한 것이다. 더 나은 미래를 창조할 수 있는 비밀은 지속해서 당신이 되고자 하는 사람과 갖고자 하는 것에 걸맞은 습관을 길러내는 것이다. 나쁜 습관은 한번 들이기는 쉬우나 인생을 어렵게 만들고, 좋은 습관은 한번 들이기는 어려우나 그것이 인생을 더욱 윤택하게 만들어준다.

놀라운 사실은 일단, 삶에 변화를 줄 수 있는 좋은 습관을 새로 들이면, 그다음부터는 자동으로 힘들이지 않고 그 습관대로 몸이 따라간다. 새로 들인 습관이 주는 만족감과 행복을 느끼면 다시 예전의 안 좋은 습관으로 돌아가는 것이 오히려 더 어렵다.

새로운 습관의 형성단계

어떻게 새롭고 미래에 긍정적인 영향을 줄 수 있는 습관을 들일 수 있는가? 이전의 안 좋은 습관을 들였던 것과 마찬가지의 방식을 사용하면 된다. 해답은 연습과 반복에 있다. 습관 형성의 기본 패턴은 다음과 같다.

1. 한 번에 하나의 습관을 들여라. 간단하면서도 성공한 사람들이 모두 지키는 습관인 시간 약속 엄수를 하나의 예로 들어보자.
2. 이제부터 시간 약속을 엄수하겠다고 다짐하라. 새로운 습관을 형성할 때는 심리적으로 단호한 태도를 유지하는 것이 훨씬 도움된다. 많은 사람이 자신의 능력을 제대로 발휘하여 높은

성과를 내지 못하면서 늘 제자리걸음을 하는 이유는 높은 성과를 내겠다고 결심하지 않아서이다.

3. 이미 새로운 습관이 몸에 밴 것처럼 확언하라. "나는 모든 약속에서 시간약속을 잘 지킨다"와 같은 문장을 말하라. 당신의 잠재의식이 이 말을 하나의 명령으로 받아들일 때까지 마치 주문을 외우듯 계속 되뇌어라. 잠재의식이 새로운 명령을 받아들이면, 자동으로 시간 약속을 잘 지키고 스스로 만족하는 자신을 발견하게 될 것이다.

미국의 유명한 미식축구 코치인 빈스 롬바르디Vince Lombardi의 이름을 딴 일명 롬바르디 시간Lombardi time이란 것이 있다. 롬바르디 시간이란 "정해진 시간보다 15분 일찍 맞춰놓는 시간"을 의미한다. 예를 들어 만약 버스가 오전 9시 정각에 출발한다면, 모든 선수들은 오전 8시 45분까지 정류장으로 집결해야 하는 식이다. 15분 일찍 도착하지 못하면 버스는 예외 없이 당신을 두고 떠날 것이다.

삶의 모든 영역에서 롬바르디 시간을 적용해보라. 정해진 시간까지 도착하는 것이 아닌, 모든 약속에서 그보다 10분에서 15분 일찍 도착하는 습관을 들여라.

4. 이미 시간을 지키는 습관을 지니고 있다고 머릿속으로 생생하

게 그려라. 스스로 미래에 바라는 대로 행동하는 이미지를 머릿속에 생생히 그려라. 단, 이것만은 기억해라. 모든 변화는 머릿속으로 그리는 심상 이미지를 변화시키는 것에서부터 시작된다.

5. 원하는 습관을 이미 가지고 있는 것처럼 행동하라. 스스로 "내가 만약 이 세상에서 가장 시간 약속을 잘 지키는 사람이라면 어떻게 행동하겠는가?"를 물어라. 다른 시간 약속에 엄격한 사람들이 마땅히 할 것 같은 행동을 모방하라. 당신이 원하는 사람이 이미 되어 있는 척하라.

6. 시간 약속을 잘 지켰을 때, 자신을 자랑스럽게 여기고 포상을 내려라. 자신감과 자존감 같은 긍정적 감정들은 당신이 하는 습관과 행동을 잠재의식 저 깊은 곳까지 뿌리내리게 한다. 그렇게 되면, 새로운 습관이 더 빠르고 쉽게 몸에 배게 될 것이다.

놀라운 사실은 긍정적인 습관을 개발하고 연습하면 할수록 그것이 일종의 시너지 효과를 일으켜 다른 긍정적인 습관을 들이는 데 도움이 된다는 것이다. 반대로 스스로가 정한 규율의 범위에서 벗어나 흐트러지거나 단점을 계속 가지고 가면 이는 긍정적인 습관을 약화하는데 한몫을 한다.

최악의 병

성공으로 가는 길에 훼방을 놓고 앞길을 막는 최악의 병은 변명하는 습관이다. 이것은 '변명 생성 분비샘이 자극을 받는' 현상이다. 예외 없이, 모든 경우의 성공에 치명적으로 작용하는 현상이다.

성취도가 높은 사람들의 특징은 그들은 절대 무슨 일이 있어도 불평불만을 하지 않는다는 것이다. 그들은 변명을 만들거나 자신들의 행동을 정당화시키지 않는다. 어떤 일을 하거나 하지 않거나 일단 선택을 내리면 그 선택에 대해서 불평하며 징징거리지 않는다. 교통이 막혀 약속에 늦더라도 여느 사람들처럼 늦은 것에 대해 이것저것 변명을 늘어놓지 않는다.

당신의 사전에서 실패의 언어를 없애라. "해볼게" 혹은 "최선을 다해 볼게"와 같은 말은 되도록 삼가라. 이러한 표현은 미리 실패에 대한 변명을 늘어놓는 것과 같다. 어떤 사람이 "그때까지 일을 마치도록 노력할게"와 같이 말한다면, 그들은 실제로 다음과 같이 말하는 것이다. "내가 일을 그때까지 끝마치지 못하고 실패할 거라는 사실을 미리 암시해주는 거야. 그러니까 일을 제시간에 처리하지 못하더라도 내 탓은 하지 마"라고.

변명하는 습관은 당신을 자신감 없고 무능력한 사람으로 만든다. 그러한 사람을 의지하는 사람은 아무도 없다. 사람들은 변명을 늘어

놓는 사람이 매사에 능력이 없고 의존적이라는 사실을 알고 있다.

환상 속의 섬

우리는 성공하고 싶고, 부자가 되고 싶고, 날씬해 지고 싶고, 유명 인사가 되어 멋진 인생을 살고 싶다고 농담 던지듯 말하곤 한다. 그러나 이러한 목표를 이루기 위해 무언가를 실행에 옮기기 전 약간의 휴식이 필요하다고 말한다. 사람들은 그들의 정신이 쉴 수 있는 장소인 '언젠가 하겠어'라고 불리는 섬으로 휴가를 떠난다.

그들은 말한다.

"언젠가 나는 열심히 일해서 승진을 할 거야."

"언젠가 그 책을 정복해서 내 기술을 연마할 거야."

"언젠가 다이어트 프로그램을 시작해 살을 왕창 빼버릴 거야."

"언젠가 시간 관리법을 제대로 배워 좀 더 생산적으로 일 할거야." 어쩌고저쩌고 어쩌고저쩌고.

이렇게 말하는 사람들 주위에 누가 있는 줄 아는가? 똑같이 언젠가 하겠다는 환상에 갇혀있는 사람들이 있다. '언젠가 하겠어'란 말로 가득한 대화에서 가장 흔한 주제는 무엇일까? 그것은 바로 비겁한 변명이다.

비겁한 변명

'언젠가 하겠어'라는 환상의 섬에 정착하게 된 사람들은 변명을 서로 주고받는다. "당신은 무엇 때문에 이 섬에 오게 된 거요?"라는 질문을 서로에게 묻는다. 그리고 돌아가며 자신들이 왜 잠재력을 발휘하는 데 실패한 인생을 살아가는지에 대해 구구절절 변명을 늘어놓는다. 마크 트웨인Mark Twain도 말했듯이, "실패에는 천 가지 이유가 있으나 그중에서 제대로 된 이유는 단 하나도 없다."

성공하기 위한 비결은 이것이다. 당장은 안락할지 모를 그 섬에서 스스로 나와라! 다시는 자신에 대해 변명을 늘어놓지 마라. '언젠가 할거야' 섬으로 휴가를 그만 떠나라. 대신 높은 성취를 이룰 수 있는 습관들을 하나씩 들여라. 지금 이 순간부터 당장 시작하라. 가져가고 싶은 습관 하나를 정해서 꼬박 한달 동안 그 습관이 몸에 배게 노력하라. 매일 실천하라. 예외를 만들지 마라. 한번이라도 예외의 상황과 스스로 타협하면, 결국 새로운 습관을 들이는데 더 많은 시간과 노력이 투입된다.

습관이 자동으로 몸에 밸 때까지 반복적으로 연습하고 실천하라. 그런 다음 당신이 이루고자 하는 것을 위해 필요한 다음 습관에 집중하라. 가장 중요한 사실은 일단 시작해서 습관이 완전히 몸에 밸 때까지 지속해서 연습하는 것이 가장 중요한 과제이다.

> **집중하여 꿈을 좇아라.
> 그리고 목표를 향해
> 계속 움직여라.**
>
> - LL Cool J

CHAPTER 9

당신의 인생을 책임져라

> "다른 사람들이 당신에게 기대하는 것 이상의
> 기준과 책임을 자신에게 부여하라.
> 절대 자신에게 변명으로 타협시키지 말라."
> – 헨리 워드 비처 Henry Ward Beecher

당신의 목표는 유능하고, 영향력 있으며, 뚜렷한 목적의식을 가진 사람이 되는 것이다. 당신이 되고자 하는 사람은 스스로 정한 목표를 이룰 능력이 있는 사람이다. 그러나 이러한 목표를 이루기 전 한 가지 꼭 **먼저** 해야 하는 일이 있다.

당신 스스로 오늘 당신이 어떤 사람이 되어있는지에 대해 100% 책임이 있음을 받아들여야 한다. 당신이 지금까지 해왔고, 성취했고, 앞으로도 성취해낼 모든 것에 대한 책임은 당신에게 있다는 사실을 잊지 말아야 한다. 당신이 책임자다. 다른 어떤 사람도 당신을 구출하러 오지 않는다. 모든 것은 당신에게 달려있다.

큰 차이점

스스로 모든 책임이 있음을 받아들이느냐 받아들이지 않느냐는 승자와 패자를 가르는 하나의 큰 기준이다. 이것은 또한 리더와 추종자 그리고, 부자와 가난한 사람을 구별하는 기준이 되기도 한다.

    어린 시절 우리는 부모님이 우리를 위해 모든 중대한 결정들을 대신 해주는 데에 익숙해져 있었다. 부모님은 우리가 입는 것과 먹는 것 그리고 앞으로 무엇을 하고 어디로 갈지를 결정해주는 분들이었다. 어린아이였을 때 우리 대부분은 부모에게 의존하는 단계를 거친다.

    성장하면서 점진적으로 더 많은 책임을 스스로 지고, 어른이 되면 인생에서 모든 책임을 지는 것이 가장 이상적인 시나리오다. 자신의 인생은 스스로 책임지는 것이다. 스스로 선택과 결정을 내려야 한다. 그리고 스스로 원하는 것을 하고 원하지 않는 것은 거절해야 한다. 책임자는 당신이다.

의존성을 벗어 던져라

하지만 마음속 깊숙이 들어가 보면 대부분 사람이 삶의 여러 영역에서 다른 누군가에게 의존하려는 성질을 가지고 있다. 그들은 언젠가는 누군가 나타나 자신을 구해주러 올 거라 바라고 또 그렇게 생각한다. 누군가가 나타나 모르는 것을 가르쳐주고 훈련해 직업을 주고 우리 삶에서 중요한 결정을 전부 다 도맡아 해줄 거로 생각하는 것이다.

부모에게 가졌던 의존성을 회사에 취직해 상사나 회사에 전이시키는 것이다. 인도 코끼리처럼 수동적으로 변하여 다른 누군가가 와서 앞으로 어떻게 해야 하는지 말해주길 바란다.

시간은 흘러간다

그들은 누군가 첫 번째로 제안하는 일을 직업으로 삼는다. 그리고는 고개를 떨군 채 이렇게 말한다. "남들만큼 하려면 남들이 하라는 대로 따라야지."

그리고 어느 날, 고개를 들고 살펴보면 금세 환갑의 백발노인이 되어있는 자신을 발견한다. 일할 수 있는 시간 동안 열심히 일했지만 은행 잔액은 거의 바닥을 보인다. 앞으로 얼마 안 남은 예금과 연금 그리고 국가가 제공하는 사회보장시스템에 의존해야 한다.

작가 조셉 캠벨Joseph Campbell이 쓴 이야기도 비슷한 맥락을 짚어낸다. 어느 날 동네의 작은 식당에서 저녁을 먹는데, 옆 테이블에서 한 부부가 열 살 짜리 아들과 식사를 하고 있었다. 식탁 위의 음식을 가리키며 아들이 "먹기 싫어요."하고 말했다.

아이의 아버지는 단호하게 말했다. "네 몫의 저녁이다. 먹어." 아이는 대답했다. "먹기 싫다니까요!" 이에 화가 나 이성을 잃은 아버지는 큰 소리로 아이에게 소리쳤다. "먹기 싫다고? 먹기 싫다고 말했어? 나도 내 인생에서 내가 원하는 걸 한 번도 해본 적이 없단 말이다!"

불행의 근원

성공학 분야에 관한 공부를 막 시작했을 때 나는 우연히 내 인생을 송두리째 바꿀만한 교훈을 얻었다. 그 교훈에 따르면 우리 인생의 주목적은 행복에 다다르는 것이다. 그리고 행복과 같은 긍정적 감정에 이르지 못하게 막는 것은 부정적 감정이다. 따라서 우리가 성공을 위해 해야 할 일은 모든 종류의 부정적 감정을 제거하는 것이다.

와! 이렇게 간단하게 문제가 해결되다니. 하지만 성공과 행복에 관해 공부해가면서 나는 당신과 나를 포함해 인류의 최대 적이 모든 종류의 부정적 감정이란 사실을 깨달았다.

가장 큰 문제

지금까지 밝혀진 부정적 감정들은 그 종류만 해도 오십여 가지 이상이다. 여기에 비례해 그러한 부정적 감정들의 근본 원인이 무엇인지 밝혀둔 책들도 수십 권씩 넘쳐난다. 심리학자, 심리분석가, 심리치료사와 같은 사람들은 사람들이 부정적 감정들을 잘 대처하게끔 도와주는 조력자 역할을 하고 있다. 때때로 스포츠 코치나 상담가, 목사, 치료사 혹은 주변의 좋은 친구들도 심리 전문가들이 하는 것과 마찬가지로 부정적 감정들이 우리 삶의 질을 떨어뜨리고 좀먹는 것을 막아주는 역할을 한다.

내가 깨달은 바는 바로 이것이다. 비록 우리 삶에 여러 부정적 감정들(시기 질투, 분노, 두려움, 의심, 타인의 말과 생각에 민감하게 반응하는 감정 등)이 존재하지만, 이 모든 감정이 결국엔 하나의 감정에서 비롯된다는 것이다. 바로 무언가에 대한 비난이다.

부정적 감정의 근본 원인

당신의 불행에 대하여 다른 사람이나 어떤 상황을 탓하지 않기란 어려운 일이다. 당신의 부모나 형제, 연인, 나쁜 상사, 당신에게 거짓말을 하거나 상처를 주고 심지어 당신을 배신하고 이용한 사람들을 탓하고 싶을 것이다.

당신은 가난한 사람이 존재한다는 이유로 부자를 비난하고, 실패한 사람이 존재한다는 이유로 성공한 사람을 비난한다. 때로는 이 세상과 삶에서 발생하는 모든 문제에 대해 정치적 신념이 다른 반대 당원을 비난한다.

대부분 사람은 다른 사람이 어떤 일을 하거나 혹은 하지 않았기 때문에 당신에게 피해가 왔다고 생각하여 그들을 비난한다.

비난하는 것을 멈춰라

어떻게 하면 비난하는 것을 멈출 수 있는가? 아주 효과적이면서 간단한 방법을 알려주겠다. 이것은 획기적인 발견으로 어떤 상황에서도 100% 적용된다. 이 방법을 사용하면 단 몇 초 만에도 부정적이었던 마음이 긍정적으로 변하게 된다. 그것은 바로 어떤 사람이나 사건 때문에 화가 나고 기분이 좋지 않을 때마다 "이건 내 책임이야!"라고 말하는 것이다.

"내 책임이야"라고 말하는 것 자체가 부정적 감정을 중화시키는 역할을 한다. 소켓에서 코드를 뽑아 전등을 끄듯, "내 책임이야"라고 말함으로써 부정적 감정의 스위치를 끄고 즉시 멈출 수 있다.

"내 책임이야"라고 말하면서 동시에 부정적 감정에 사로잡혀 화를 내거나 걱정을 하거나 두려움에 떨기는 어렵다. 이 말 자체가 당신을 운전석에 앉게 한다. 이 말을 함으로써 당신이 당신 삶의 주인이라는 사실을 확실히 인지할 수 있다. 자신을 약하고 무능력한 존재로 받아들였다면, 이 말을 함으로써 자신을 스스로 강하고 자립할 수 있는 사람으로 받아들일 수 있다. 반복적으로 "내 책임이다"라고 말한다면, 당신은 완전히 긍정적이고 강하며 주변에 영향력을 미칠 수 있는 사람이 될 수 있다.

"내 책임이야"라는 말은
책임자의 위치에 있게 한다.

성공 vs. 실패

모든 사람은 머릿속에 실패 작용원리와 더불어 성공 작용원리를 가지고 있다. 하지만 공교롭게도, 두뇌 안에 기본적으로 설정된 것은 실패 작용원리이다. 실패 작용원리가 자동으로 두뇌 속에서 발현되어 부정적으로 생각하는 경향을 만들어낸다.

혼자 앉아 있거나, 운전하거나, 텔레비전을 보거나, 혹은 일상의 다른 일을 할 때도 당신을 화나게 하거나 혹은 불행하게 만드는 것들에 대해 생각한다.

당신은 가족들이나 친구들과 대화를 나눌 때, 이러한 것들에 대해서 이야기하고 저녁 식사 시간에도 부정적 화제를 입에 올린다. 부정적 생각들을 계속하다 보면 밤에 제대로 잠을 잘 수도 없다. 때때로 아무도 없는 상황에서 혼잣말하듯 부정적 주제로 허공에다 대화하고 화가 나서 논쟁을 펼치기도 한다. 우리가 모두 가끔 겪는 일이다.

성공 작용원리를 활성화하라

성공 작용원리를 발현시킬 수 있는 것은 목표와 자신의 인생에 대한 책임을 받아들이는 것, 그리고 중요하다고 생각하는 혹은 진짜로 원하는 일을 하면서 스스로 바쁘게 만드는 것, 이 세가지다(여기에 관해서는 Chapter 11에서 조금 더 자세히 다룰 것이다).

사람들과 상담하고 그들에게 가르쳐줄 때, 그들은 자신의 실패한 결혼에 대해 종종 말하곤 한다. 그리고 그들의 배우자가 얼마나 형편없는 사람이었고 배우자가 했거나 혹은 하지 않았던 행동에 대해서 지금도 얼마나 화나 있는지를 이야기한다.

 Tip: 당신의 똑똑한 두뇌를 자기합리화나 상황을 안 좋게 만든 누군가에게 부정적 감정을 느끼게 하는 데 사용하는 대신, 지금까지 벌어진 혹은 벌어지고 있는 안 좋은 상황에서 왜 당신에게 책임이 있는지에 대한 이유를 생각해라.

당신에게 책임이 있다

그럴 때마다 나는 모든 일의 책임이 그들에게 있음을 상기시켜준다. 분명 어떤 불신이나 의혹이 있었을 텐데도 그렇게 형편없는 배우자와 결혼하기로 한 것은 그들 자신이었다. 그런 안 좋은 상황이 지속하였을 때 결혼생활을 유지하기로 선택한 것도 그들 자신이었다. 배우자가 그들에게 했던 부정적인 모든 행동을 참고 견뎌주기로 했던 것 또한 그들 자신이었다. 따라서 여전히 책임은 그들 자신에게 있는 것이다.

 최소한 앞으로 당신이 하는 일들에 대한 모든 책임은 당신이 져야 한다. 행복의 원칙은 당신이 바꿀 수 없는 것에 대하여 화를 내거나 슬퍼하지 않는 것이다. 당신은 과거의 일을 바꿀 수 없다. 행복지 않은 경험을 통해 당신이 할 수 있는 일은 그 일을 통해 무언가를 배우고 마음속에서 비워내는 것이다. 모든 일에 대한 책임을 100% 받아들여라.

행복의 원칙은
당신이 바꿀 수 없는 것에 대하여
화를 내거나 슬퍼하지 않는 것이다.

'왜?'를 생각하라

더 나아가 당신을 여전히 화나게 하는 부정적인 상황을 곰곰이 숙고해본 뒤 그 상황에서 당신의 책임일 수도 있는 모든 것에 대해 생각하라. 상대방이 했거나 혹은 하지 않았던 행동에 대해서 깊이 생각하는 대신, 먼저 당신이 했거나 혹은 하지 않아서 상황이 부정적으로 흐르게 된 일에 대해 한번 생각해봐라.

당신의 책임을 인정하고 왜 책임이 당신에게 있는지에 관한 모든 이유를 생각하면 부정적 감정들은 사라지게 된다. 당신을 몇 달 혹은 몇 년 내내 괴롭히고 화나게 하였던 무언가가 이내 곧 사라지게 될 것이다.

감정을 조절하라

엘리너 루스벨트Eleanor Roosevelt는 이렇게 말했다. "당신의 동의 없이 그 누구도 당신에게 열등감을 느끼게 할 수 없다."

다른 사람의 행동을 비난할 때, 당신은 그 사람이 원거리에서 당신의 감정을 통제하게 만드는 셈이다. 당신 스스로 다른 사람이 당신을 작고 열등하고 화내는 존재로 만드는 것을 허락하는 것이다. 그렇게 되기를 원하는가?

"얼굴을 항상 햇볕 쪽을 향하게 둬라. 그러면 그림자는 자연히 뒤로 지게 될 것이다"라고 말한 월트 휘트먼Walt Whitman의 조언을 따라라.

결정을 내려라

오늘 당장 당신의 현재와 미래에 대한 책임을 100% 온전히 받아들이기로 하라. 지금까지의 어떤 결정보다 가장 중대하고 삶의 활력을 불어넣는 결정이 될 것이다. 이 결정을 내림으로써 당신은 인생에서 진짜로 원하는 것을 시작하고 앞으로 계속 나아갈 수 있게끔 스스로 자유로울 수 있다. 변명은 이제 필요 없다.

 책임을 받아들일 때, 당신은 삶의 온전한 주인이 된다. 용기를 내어 발걸음을 한 발자국 옮기면 어린아이에서 어른으로 거듭날 수 있다. 상황의 피해자가 되기보다는 오히려 상황을 통제하는 승리자가 될 것이다. 모든 부정적 감정이 사라지고, 삶의 질을 높이고, 더욱 풍요롭게 해줄 긍정적인 감정들만이 남게 될 것이다.

> **최고가 되는 것은 잘못된 목표이다.
> 성공은 자신만의 척도로 측정해야 한다.**

데미언 허스트 Damien Hirst

CHAPTER 10

앞으로 과감히 나아가라

> "내면의 힘이 환경보다 우세하다고 과감히 믿는 사람만이 위대한 무언가를 성취하는 법이다."
>
> - 브루스 바튼 Bruce Barton

성공하는 데 필요한 자질 중 하나는 바로 **실행력**이다. 실행력은 이루고자 하는 목표에 한 걸음 다가가기 위해 즉시 행동하고자 하는 내면적 동기다. 때로는 실행력이 일을 빨리 끝내려고 하는 조급함과 초조함으로 나타나기도 하지만 어떤 분야에서든 성공한 사람들은 이 자질이 있었다. 실행력은 성공에 매우 중요한 자질이다.

어떤 것을 즉시 실행에 옮기고자 할 때의 가장 큰 장애물은 바로 실패에 대한 두려움이다. 다른 사람들 앞에서 조롱거리가 되고 창피를 당하고 비난당할까 봐 혹은 가진 것을 잃게 될까 봐 갖게 되는 두려움이 사실상 성공의 가장 큰 걸림돌이다. 당신의 능력을 제대로 발휘하고자 한다면 일부러라도 의식적으로 이 두려움을 통제하고 극복해야 한다. 두려움은 당신을 망설이게 하기 때문이다.

자신감이 두려움을 상쇄시킨다

두려움을 극복할 수 있는 가장 좋은 해결책은 바로 자신감이다. 자신감은 열정과 힘을 주며, 목표를 성취해 나가는 과정에서 어떠한 내적·외적 장애물이든 극복하고자 하는 의지를 갖게 한다.

자신감은 결국 용기를 기본 바탕으로 한다. 그리고 용기는 성공으로 가는 길의 매우 중요한 자산이다.

윈스턴 처칠Winston Churchill은 용기에 관해 이렇게 표현했다. "용기는 마땅히 가장 위대한 미덕이다. 나머지 것들은 모두 용기에 달려있기 때문이다."

마가렛 대처Margaret Thatcher는 다음과 같이 말했.

"모든 것은 난제에 부딪히면 용기로부터 멀어진다."

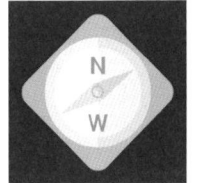 한번 상상해보라! 어떠한 두려움도 없다면 당신의 삶은 지금과 어떻게 달라져 있겠는가? 성공할 수 있다는 강한 자신감으로 어떠한 위험도 감수하고 어떠한 상황에서도 앞으로 나아가고자 한다면 당신의 인생은 어떻게 달라져 있겠는가?

두려움은 누구에게나 있다

사실 모든 사람에게 각자 두려워하는 것들이 있다. 중요한 것은 일상에서 자연스럽게 발생하는 두려움을 어떻게 관리하는가이다.

랄프 왈도 에머슨Ralph Waldo Emerson은 두려움에 대처할 수 있는 해결책을 제시해준다. "두려워하는 일을 하라. 그러면 두려움이 사라질 것이다."

두려움을 극복하고 흔들리지 않는 용기와 자신감을 얻기 위해 의식적으로 두려운 일을 시도해야 한다. 그리고 두려움이 완전히 사라질 때까지 그 일을 반복해야 한다.

우리를 망설이게 하는 최악의 두려움은 바로 거절에 대한 두려움이다. 이러한 두려움은 보통 어린 시절 겪었던 파괴적 비평에서 생겨나는 경우가 많다. 어른이 되어서도 우리는 여전히 사실 여부를 떠나 다른 사람들의 의견에 매우 민감하게 반응한다. 우리가 무언가 처음 시도하려고 할 때 다른 사람들이 어떻게 생각하는 지가 종종 우리의 발목을 잡는다.

기억해야 할 성공원칙

다른 사람이 당신에 대해 어떻게 생각할지 걱정하여 그것을 행동의 척도로 삼지 말아라. 어떤 일을 하려고 하거나 혹은 하려고 하지 않는 것의 기준이 타인의 생각이 되어서는 안 된다. 그 이유는 사실상 그 누구도 우리를 신경 쓰지 않기 때문이다.

많은 사람이 타인이 그들에 대해 어떻게 생각할까를 두려워하여 자신이 좋아하지 않는 일을 계속하고, 불행한 결혼과 같은 관계를 유지하고, 좋지 않은 상황을 견디려고 한다. 그들은 다른 사람이 어떻게 생각할지가 두려워 쉽게 관계를 벗어나거나 상황을 바꾸지 못한다. 그러나 결국 용기를 내어 스스로 불행한 상황에서 빠져나와 보면 정작 아무도 그렇게 크게 관심을 두지 않는다는 사실을 깨닫고 놀라워한다. 아무도 그들을 그렇게까지 생각하지 않는다. 절대로 말이다.

두려움을 마주하라

연극 햄릿에서 셰익스피어는 "고난의 물결에 맞서 무기를 들고 싸워 이를 물리쳐라"고 말했다. 놀라운 사실은 두려움에도 불구하고 당신이 두려워하는 사람이나 상황을 마주 보고 행동을 취하면 두려움이 이내 사라지고 그 두려움은 곧 용기로 바뀐다는 것이다.

그러나, 두려움을 일으키는 사람이나 상황으로부터 뒷걸음질 쳐 피하려고 하면, 내면의 두려움은 계속 자라나 언젠가 당신의 생각과 감정을 잠식시켜버릴 수 있다. 두려움이 생각을 잠식하면 그 두려움이 생각을 지배해 정신을 집중할 수 없는 상태가 되고 밤에 제대로 잠을 이룰 수도 없다.

젊은 언론인으로 활동하던 아서 고든Arthur Gordon은 IBM의 창립자 토마스 왓슨Thomas J. Watson Sr.에게 인터뷰를 요청한 적이 있었다. 아서는 그에게 "왓슨 씨, 어떻게 하면 남들보다 빨리 성공할 수 있습니까?"란 질문을 던졌다.

왓슨은 그 질문에 이렇게 대답했다.
"성공속도를 높이고 싶다면, 먼저 실패속도를 두 배로 올리세요. 그러다 보면 저 멀리 실패의 반대편에서 성공을 찾을 수 있을 겁니다."

두려워하지 않는 것을 배워라

부자를 상대로 대화해보면 매번 한 가지 놀라운 점을 발견할 수 있었다. 그들 중 많은 경우가 아니 대다수 부자가 세일즈맨으로 일을 시작했다는 사실이다. 그들은 연고가 전혀 없는 사람들에게 서비스나 제품을 팔기 위해 전화영업을 돌리던 사람들이었다. 영업하면서 실패와 거절의 두려움에 반복적으로 노출되었고 그들은 마침에 실패를 전혀 두려워하지 않는 지점에 이르게 되었다.

모르는 사람에게 전화를 걸어 영업을 시도하는 일은 많은 사람에게 두려운 일이다. 때로는 이런 일이 어떤 사람들에게는 강한 트라우마가 되기도 한다. 영업용 전화를 돌려야 하는 판매직 사원으로 일을 시작했다가 몇 시간 만에 정신적으로 무너져 안정적으로 월급을 받는 직장에 들어간 사례를 많이 보았고 실제로 그런 사람들과도 많이 이야기를 나눠 보았다.

전화영업이든 방문판매든 영업에 대한 두려움을 떨쳐낼 수 있는 유일한 방법은 그것을 계속 반복적으로 시도하는 것이다. 내가 개최했던 영업 세미나에서 나는 '100번의 요청 방식'을 사람들에게 가르쳐준다. 영업직 사원들에게 판매실적 저조에서 빨리 헤어나와 영업실적을 두 배로 올릴 수 있는 가장 좋은 방법은 나가서 무작정 최대한 빨리 100번 동안 고객들에게 전화를 일일이 돌리는 것이라고 말해준다. 단, 최대한 빨리 전화를 돌리되 결과에 대해서는 크게 개의치 않아야 한다.

거절은 잊어라

전화나 직접 대면해서 100명의 사람에게 연락을 하기만 하면 10~30달러를 고정적으로 받는다고 가정해보자. 연락하기만 하면 물건을 팔든지, 얘기도 건네보지 못하고 상대편이 전화를 확 끊어버리든지, 싫은 소리를 들었든지 상관없이 당신은 돈을 받을 것이다. 어떻게 하겠는가?

만약 거절에 대한 두려움이 없다면 100명의 사람에게 최대한 전화를 돌리려고 할 것이다. 그렇게 하면 놀라운 일이 벌어지게 된다.

사람들이 당신이 파는 물건을 사느냐 사지 않느냐에 상관없이 사람들에게 전화를 거듭하면 할수록 이전보다 더 큰 자신감과 활력을 얻게 될 것이다. 그리고 100번의 전화를 돌리는 과정에서 전화를 받았던 몇몇은 앞으로 몇 주 혹은 몇 달 안에 당신의 실제 고객으로 돌아와 있을 것이다.

게임처럼 만들어라

추구의 행복The Happiness of Pursuit이란 책에서 저자는 자신의 두려움을 극복하고 늘 머릿속으로 수년 동안 상상만 해오고 용기 내어 실행에 옮기지 못했던 모험을 떠나는 사람의 이야기를 들려준다.

그 가운데 한 이야기에는 텍사스 주의 휴스턴이란 도시 출신의 수줍음 많은 청년이 등장한다. 거절당하거나 다른 사람으로부터 비난받는 것을 두려워하던 이 청년은 밖으로 나가 100명의 사람에게 그가 한 번도 해본 적이 없던 일을 요청해보기로 결심했다.

거리에서 만나는 사람에게 포옹해도 되겠냐고 물었고, 소방서장을 만나 소방서에 있는 기둥을 한번 타볼 수 있겠냐고 물었고, 또 다른 사람에게는 공짜로 어떤 것이든 그에게 줄 수 있느냐고 물었다. 그는 사람들이 거절하는 것에 개의치 않고 이상하고 터무니없는 100가지의 요청을 해보기로 했다. 그렇게 하는 과정에서 청년이 가지고 있던 수줍음과 타인에 대한 부끄러움 그리고 거절에 대한 두려움이 영원히 사라지게 되었다.

두렵다고 생각하는 일을 하라

"성공Success"이란 잡지를 발간하는 대런 하디Darren Hardy는 이렇게 말했다. "겁을 먹는 것은 곧 당신의 힘을 포기하는 것입니다. 두려워하는 일을 하세요. 그러면 힘을 다시 얻게 될 겁니다."

그는 자전거를 사고 싶었으나 돈이 없었던 열두 살 소년 시절에 관한 이야기를 들려주었다. 그는 사람들에게 무언가 사달라고 부탁하고 거절당하는 것을 가장 두려워했다. 그래서 이를 계기로 그는 판매회사에 취직해 지나가는 사람들에게 작은 물건을 판매하는 일을 하기 시작했다.

그는 용기를 끌어모아 온종일 길 위에 서서 낯선 사람들에게 접근해 물건을 팔았다. 대부분의 사람은 노골적으로 거절 의사를 표현했다. 그러나 그렇게 판매일을 시작한 지 이틀 만에 그는 구매를 권유하고 새로운 고객을 유치하는 일에서 두려움을 완전히 떨쳐버릴 수 있었다. 그리고 그것은 그의 평생의 자산이 되었다. 25세가 되던 해, 그는 백만장자가 되어 있었다.

배움의 경험

하버드 대학에서 실시한 연구에서 흥미로운 사실을 발견했다. 바로 리더들은 '실패'라는 단어를 잘 사용하지 않는다는 것이다. 실패라는 단어 대신, 그들은 '배움의 경험'이라는 말을 사용했다.

그들은 통상 "무언가를 배울 수 있는 값진 경험이었어." 혹은 "비싼 배움의 경험이었어."라는 식으로 말을 했다. 아니면 이렇게도 말했다. "힘들었지만 배울 수 있는 좋은 경험이었어." 누구도 절대 실패라고 말하지 않았다.

오늘날 비즈니스에서 성공하기 위해서는 적절한 상품과 서비스를 결합한 모델을 만들어 내야 하고 동시에 경쟁시장에서 살아남기 위해 효과적인 판매전략을 세워야 한다. 그러기 위해서는 수많은 배움의 경험으로 자신을 먼저 단련시켜야 한다.

**하버드에서 한 연구에 따르면 리더들은
'실패'라는 단어를 거의 사용하지 않는다.**

성공에 이르는 4단계

오늘날 비즈니스 세계에서 성공할 수 있는 방식은 간단하다. 성공하기 위한 과정은 네 부분으로 나눌 수 있다.

1. 무엇을 원하는지 결정하라.
2. 즉시 실행에 옮겨라.
3. 실패하고 재빨리 배워라
4. 성공할 때까지 몇 번이고 계속해서 시도하라.

실패가 아닌 피드백만이 있을 뿐이다

사실 오직 피드백만이 존재할 뿐, 실패란 없다. 실패를 통해 어떻게 성공할지 배울 것이다. 따라서 실패를 두려워해서는 안 된다. 좀 더 정확히 말하자면, 실패경험을 쌓을 때마다 조금씩 원하던 성공에 가까워져 가고 있음을 인지해야 한다.

언론인 도로시아 브랜드Dorothea Brande는 "절대 실패할 리 없는 듯 움직여라. 그러면, 그렇게 될 것이다."라고 말했다.

마크 빅터 한센Mark Victor Hansen도 이와 비슷한 말을 했다. "당신이 원하는 것이 무엇이든 그것도 당신을 원하고 있다."

지금부터, 당신이 원하는 것이면 그것이 무엇이든, 시도하라! 기회를 잡아라. 현재의 안전지대에서 걸어 나와라. 시도하고 또 시도하고 그다음 한 번 더 시도하라.

속도를 선택하라

더 빨리 실패할수록 좀 더 빨리 성공할 것이다. 그리고 더 중요한 사실은 더 많이 실패를 거듭할수록 더 많은 용기와 자신감을 얻게 될 것이다. 그리고 언젠가 아무것도 당신을 저지할 수 없게 될 것이다. 무언가를 시작하여 계속 밀고 나가는 데 방해가 될 만한 요소가 모두 제거되는 것이다.

"
성공하고자 하는
　　의지가 강하다면,
　실패 따위가
　　나를 압도할 수 없다.
　　　　　　"

　　　　　오그 만디노 Og Mandino

CHAPTER 11
진짜로 원하는 것이 무엇인지 결정하라

> "당신이 꿈도 꾸지 못했던 것들을 가능하게 할
> 힘이 당신 안에 잠들어 있다. 당신이 생각을 바꾸기만 하면
> 그 능력이 밖으로 걸어 나올 것이다."
>
> - 맥스웰 몰츠Maxwell Maltz

인간의 역사를 통틀어 가장 위대한 발견은 아마도 이것일 것이다. 당신은 당신이 대부분 시간 동안 생각하는 그 무엇이 될 것이다.

이는 모든 종교, 철학, 심리학, 그리고 성공의 근본원칙이다. 랄프 왈도 에머슨Ralph Waldo Emerson이 말했듯이, "인간은 그가 온종일 생각하는 대로 된다."

성경에도 이와 비슷한 맥락의 말이 있다. "그가 마음속에서 생각하는 것이 곧 그의 존재이다."

외면세계는 곧 내면세계의 거울에 맺힌 상이다. 외면세계에서 무언가를 바꾸고자 한다면 당신이 온전히 감독하고 통제할 수 있는 한 가지를 바꿔야 한다. 바로 당신의 생각 말이다.

배고파해야 한다

무엇이 어떤 사람들을 다른 평범한 사람들보다 뛰어난 성취를 이루게 하는지 알아내기 위해 모든 분야의 성공하는 사람들과 인터뷰를 진행했었다. 성공하는 사람들의 가장 큰 자질은 바로 열망이었다. 그들은 굶주려 있었고 지금까지 이루었던 것보다 더 많이 성취하고자 하는 욕망으로 불타고 있었다.

이렇게 성공과 성취에 대한 강렬한 열망은 그들을 움직이게 하는 원동력으로 작용했다. 강한 열망이 어떠한 장애물도 극복하게 만들었고 목표를 이룰 때까지 끈질기게 물고 늘어지도록 그들을 부추겼다.

다른 어떤 것보다 당신이 원하는 것은 무엇인가? 아침에 침대를 박차고 일어나 온종일 당신을 열심히 일하게 하는 것은 무엇인가?

> 당신이 성취해 내기만 한다면,
> 인생에서 가장 큰 변화를 가져다줄 것 같은
> 목표는 무엇인가?

큰 목표가 필요하다

당신만의 크고 짜릿하며 대담한 목표는 무엇인가? 당신이 성취해 내기만 한다면, 인생에서 가장 큰 변화를 가져다줄 것 같은 목표가 무엇인가?

『생각하라, 그러면 부자가 되리라Think and Grow Rich』라는 책에서 나폴레온 힐Napoleon Hill은 이렇게 말했다. "인생에서 중요한 목적이 있는 사람이 위대한 사람으로 거듭난다." 당신의 인생에서 가장 중요한 목적은 무엇인가?

세미나를 진행하면서 나는 대부분의 사람이 인생에서 가장 중요한 목표가 있지 않다는 사실을 발견했다. 나는 그들에게 이렇게 말하곤 한다. "그러면 당신의 목표는 바로 인생의 목적이 무엇인지를 발견하는 것입니다."

좋은 소식은 당신이 크고 재미있고 중요한 목표가 있을 때 목표 자체가 끊임없이 당신을 자극해 움직이게 할 거라는 것이다. 그러면 그 어떤 것도 당신을 주저하게 하지 못할 것이다.

목표는 분명하고 구체적이어야 한다

사람들이 실수하는 것 중 하나가 바로 단순한 소망을 목표로 착각하는 것이다. 이러한 착각은 결국 예외 없이 성공에 치명적인 영향을 미친다.

내가 개최한 세미나에 참석한 사람들에게 나는 이렇게 묻는다. "여기서 목표가 있는 사람이 몇이나 됩니까?" 그러면 이때 모두 손을 높이 든다. 무작위로 아무나 골라서 "목표가 무엇입니까?" 하고 물어보면, 그들은 "성공하고 싶습니다", "돈을 많이 벌고 싶습니다", "행복해지고 싶습니다", "행복한 가정을 꾸리고 싶습니다", "여행을 다니고 싶습니다", "백만장자가 되고 싶습니다" 등을 이야기한다. 그러나 이러한 것들은 목표가 아닌 환상이고 소망이고 꿈이고 단지 착각에 불과하다. 모든 사람이 이러한 환상을 가지고 있다. 모든 인류가 공통으로 흔히 가지고 있던 환상에 불과한 것이다. 이러한 것들은 결코 목표라고 할 수 없다.

인생을 변화시켜라

전 세계 사람들이 늘 내게 비슷한 말을 한다. "당신이 제 인생을 변화시켰습니다", "당신 덕분에 부자가 되었어요" 나는 이런 말들을 수백 수천 번도 더 들었다. 그러면 나는 그들에게 묻는다. "내 책이나 수업에서 가장 도움이 되었던 것이 무엇이었나요?" 그러면 그들은 활짝 웃으며 말하곤 한다. "바로 목표였습니다."

그렇다. 중요한 것은 언제나 목표다. 내 인생에 전환점을 가져다준 것 또한 목표였다. 스물네 살 때 나는 처음으로 인생에서 목표를 발견했다. 종이 한 장을 꺼내 이루고 싶은 목표들을 쭉 써 내려 간 다음 한 달 만에 나의 인생이 송두리째 바뀌었다.

여러 신기한 일들과 우연이 겹치면서 나는 불과 한 달 전 내가 그때 종이에 썼던 목표들을 전부 이루어냈다. 그때의 기분은 마치 뜨거운 전선을 만지고 온몸에 전류가 흐르는 것만 같았다. 그 이후 나는 180도 변해 있었다.

정말로 이루고 싶은 큰 목표를 설정하고 나면, 그 목표를 이루어내기 위해 무엇이든 실행에 옮기게 된다. 목표를 설정하고 나면, 그 어떤 것도 당신을 막을 수 없다.

전략적 계획 세우기

회사에서 일할 때 우리는 기본적인 경영목표를 설정하는 단계를 거친다. 이 단계를 당신 개인의 목표를 설정하는 데에도 적용할 수 있다. 목표설정은 총 7단계로 나뉘어 있다.

1. 당신의 가치

    당신이 믿는 것은 무엇인가? 당신에게 중요한 것은 무엇인가? 당신이 믿고 중요하다고 생각하는 것 중에서 다른 어떤 것들보다 중요한 것은 무엇인가? 가치를 명확히 하는 것이 개인이나 회사의 성과를 높이는 첫 단계다.

2. 당신의 비전

    마술지팡이로 당신의 5년 후 모습을 내다볼 수 있다고 상상해 보자. 5년 후 당신의 삶은 모든 면에서 완벽하다. 그것은 어떤 모습인가? 당신은 무엇을 하고 있고 얼마만큼의 돈을 벌고 있는가? 그리고 그 완벽한 삶은 지금과 어떻게 다른가?

    미래의 멋진 비전을 세우고 나면 당신의 삶은 온전히 변하기 시작한다. 비즈니스와 커리어, 가족, 건강, 재정상태 등 삶의 모든 부문에서 비전을 세워라. 내면세계의 비전이 곧 외면세계의 현실로 드러날 것이다.

3. 당신의 미션

　인생에서 무엇을 이루고 싶은가? 현재 사업을 하고 있다고 가정할 때, 고객들을 위해서 어떤 것을 하고 싶은가? 다른 사람들이나 가족 혹은 고객들을 위해 무엇을 하고 싶은가?

　자신의 미래에 확고한 미션을 지니고 있는 사람은 그렇지 않고 대충 일을 마치고 집에 돌아가 텔레비전을 보는 사람보다 훨씬 활력이 넘치고 자신의 일에 강한 의지를 보인다.

4. 당신의 목적

　지금 하고 있는 일을 왜 하고 있는가? 어째서 지금의 직업과 일을 선택하게 되었는가? 이 일에서 당신을 설레게 하고 영감을 불어넣어 주고 동기를 유발하는 요소는 무엇이 있는가? 프리드리히 니체Friedrich Nietzsche는 이렇게 말했다. "살아가는 이유가 있는 사람은 어떤 상황도 견뎌낼 수 있다." 당신 삶의 "이유"는 무엇인가?

5. 당신의 목표

　목표란 당신이 궁극적으로 이루고자 하는 것이다. 가치와 비전, 미션 그리고 목적이 목표로 수렴될 수 있어야 한다. 그리고 그 목표에 집중해야 한다.

6. 당신의 우선순위

가치, 비전, 미션, 목적과 일치하는 목표 중 가장 중요한 목표는 무엇이며, 그 목표를 이루기 위해 매일매일 반드시 해야 하는 것은 어떤 것이 있는가?

7. 행동

바로 지금 이 순간 가장 중요한 목표를 성취하기 위해 즉시 무엇을 할 것인가?

사실상 소득 불평등은 99% 대 1% 사이의 차이가 아닌 것으로 드러났다. 구체적인 목표와 계획을 세우고 그것들을 종이에 써 내려 갔던 3%와 그렇게 하지 않는 97% 사이에서 소득 격차가 존재한다.

목표를 세우는 법

상위 3% 안에 들기를 간절히 원한다면 목표를 이룰 방법을 몇 가지 소개해 주겠다. 평생에 걸쳐 이 방법을 사용할 수 있다. 이 방법을 사용하면 인생에서 진짜로 간절히 원하는 것이 무엇이든 전부 이루어낼 수 있다.

1. 당신이 원하는 것이 무엇인지 정확히 알아라.

    구체적으로 생각하라. 목표는 여섯 살 어린아이도 이해할 수 있을 만큼 분명해야 하고 또 다른 아이에게 설명했을 때 얼마만큼 목표에 근접했는지도 말할 수 있을 정도여야 한다.

2. 종이에 써라.

    성인의 오직 3%만이 자신의 목표를 종이에 적는다. 목표를 적었던 이들은 똑같은 재능과 교육, 능력, 기회를 얻었던 다른 사람들보다 평균적으로 열 배 이상의 소득을 올린다.

3. 기한을 정하라.

    목표는 한마디로 "시기가 정해져 있는 꿈"이다.

    목표가 너무 크다면 단계별로 기한을 정하라. 기한을 정해 놓으면 당신의 잠재의식 안에서 강제력을 발휘시킨다. 정해진 기한은 아침에 일어나 온종일 목표를 제시간 안에 이루도록 당신을 압박한다.

    특정 기간까지 일을 다 마무리하지 못했을 때는 다시 새로운 기한으로 수정하면 된다. 기억해라. 이 세상에는 비현실적인 목표란 없다. 단지 비현실적인 기한만 있을 뿐이다.

4. 목록을 만들어라.

목표를 이루기 위해 당신이 할 수 있는 일을 목록화시켜 모두 나열해 봐라. 헨리 포드Henry Ford가 말한 것처럼 "어떤 일이든 그 일을 작게 세분화시키면 특별히 어렵지 않다."

5. 목록을 조직화하라.

체크 리스트를 만들어라. 순서와 시간을 정해 해야 할 일들의 목록을 체크 리스트 옆에 적어라. 첫 번째, 두 번째, 그리고 세 번째 차례대로 해야 할 일이 무엇인가?

계획을 세우는 데 사용한 1분이 그 다음 단계인 실행에서 10분의 시간을 절약해 줄 것이다. 만든 체크 리스트를 이용해 매일 스스로를 점검하라. 한번도 이런 식으로 자신을 점검한 적이 없었다면, 이렇게 하고 나서 변화하는 삶에 놀라게 될 것이다. 정해놓은 기간보다 빠르게 생각보다 많은 목표를 성취하게 될 것이다.

6. 행동하라.

중요한 목표를 이루기 위해 지금 당장 무엇이든 하라. 미루지 말고 망설이지도 말고 지금 시작하라. 첫걸음을 내디뎌야 한다.

7. 매일 하라.

지금부터 매일 무언가를 하라. 매일 하는 것을 통해 중요한 목표에 가까워져 갈 것이다. 단 하루도 거르지 말고 하라.

목표를 향해 매일 무언가를 하다 보면 여기에 가속도가 붙어 어느 순간에 이르면 더 빠르고 쉽게 앞으로 나아가게 된다. 매일 반복적으로 하다 보면, 무언가를 시작해 계속 밀고 나가는 것이 어느 순간 습관으로 굳어져 자연스러운 일상으로 자리 잡게 될 것이다.

목표를 향해 매일 무언가를 하다 보면
여기에 가속도가 붙는 것을 느끼는 순간이 온다.

10가지 목표 세우는 방법

깨끗한 종이 한 장을 꺼내서 맨 위에 오늘의 날짜와 함께 "목표"라는 단어를 적어라. 그리고 그 밑에 앞으로 12개월 안에 이루고 싶은 열 가지 목표를 적어라.

이 중에는 일주일 안에 이루고 싶은 목표도 있을 수 있고, 한 달 혹은 6개월 안에 이루고 싶은 목표가 포함되어 있을 수 있다. 그러나 모든 목표가 12개월 안에 완수되어야 한다. 1년 안에 성취될 수 있는 목표가 장기적 목표보다 사람에게 더욱 동기 부여가 된다. 장기적 목표는 이후에 세우면 된다.

중요한 질문

10가지 목표를 전부 다 썼으면 스스로 다음과 같이 질문하라. "이 중에서 24시간 안에 이루어 냈을 때, 내 삶에 가장 큰 영향을 미칠 것 같은 목표는 무엇일까?"

답이 무엇이든 그 목표가 바로 가장 중요한 당신의 목적이 된다. 가장 원대하고 중요한 당신의 목표는 곧 삶의 구성원리이자 중심으로 작용해 당신이 집중해야 하는 초점이 된다.

이제부터 이 한 가지 목표를 달성하기 위해 매일 무언가를 시작하라. 아침에 일어나면 목표부터 떠올려라. 하루를 보내면서도 목표를 생각하라. 저녁 시간에는 하루를 점검하면서 목표에 얼마만큼 가까워져 갔는지를 살펴라.

당신만의 기적을 만들어내라

다른 곳은 보지 않고 가장 중요한 목표에만 초점을 맞추면 아주 놀라운 일이 벌어지게 된다. 동시에 다른 목표들에도 조금씩 근접하게 되는 것이다. 당신의 인생은 마치 행신하는 군대처럼 앞으로 나아가기 시작한다.

당신은 많은 사람이 몇 년에 걸쳐 이루어 내는 것들을 앞으로 단 몇 달 만에 이루게 될 것이다. 대신 하나의 큰 목표로 시작해야 한다. 목표를 크게 잡는 것이 당신과 당신의 미래에 대한 최대의 책임이다.

시작하라, 그리고 매일 지속하라.

> "
> 우리는 계획이라는 열차를 타고
> 목표지점에 도달할 수 있다.
> 열차를 타면서 우리는 열렬히 믿고
> 격렬하게 행동해야 한다.
> 이 외에 성공으로 가는
> 다른 길은 없다.
> "
>
> - 파블로 피카소 Pablo Picasso

CHAPTER 12

미루는 습관을 극복하라

> "매일 아침 일어나 일과를 계획하고
> 그 계획을 실행하는 사람들은
> 극도로 바쁜 미로 같은 삶 속에서 길을 헤매지 않고
> 찾아갈 수 있는 실을 지니고 있다."
>
> -빅토르 위고 Victor Hugo

성공은 업무를 시작하여 최대한 빠른 시간 안에 업무를 완수하는 습관에서 온다.

다른 습관과 마찬가지로 미루는 습관 또한 학습된 행동이다. 미루는 습관은 보통 어린 시절 형성되어 나이가 들어서까지 계속 유

지된다. 미루는 습관은 어떤 분야에서든 실패의 가장 큰 원인으로 작용한다.

에이브러햄 링컨Abraham Lincoln은 다음과 같이 말했다. "기다리는 사람에게도 기회는 올 수 있으나, 서두르는 사람이 먼저 가져가고 남겨진 기회이다." 미루는 습관을 극복하려면 극단적으로 즉각적인 행동을 취해야 한다. 그리고 즉시 행동으로 옮기는 것을 반복하여 빨리 주어진 일을 완수하는 습관을 새로 들여야 한다.

모든 사람이 미루는 습관을 지니고 있다

사실 모든 사람이 각자 다른 기준을 가지고 미루는 행동을 한다. 최고의 시간 관리자도 최악의 시간 관리자와 마찬가지로 미루는 행위를 한다. 그러나, 대부분의 생산적인 사람은 중요도가 가장 낮은 일부터 뒤로 미룬다. 통계적으로 우리에게 주어진 업무의 80%는 20% 혹은 그보다 더 적은 가치를 갖는다.

평범한 사람들은 반대로 업무에서 80%의 중요도를 갖는 20%를 뒤로 미루는 경향이 있다.

이제부터는 창조적인 미루기를 연습하라. 의식적으로 높은 가치의 업무를 완수할 때까지 가치가 낮은 활동은 뒤로 미뤄라.

그냥, 닥치고 하라!

무엇이 당신을 망설이게 하는가?

미루는 습관을 바꾸기 위해선 미루는 습관이 생겨나는 원인을 먼저 파악해야 한다. 오늘 일을 미루게 하는 것은 무엇일지 생각해보고 다음에 나오는 항목 가운데 몇 개나 당신에게 적용되는지 따져보라.

1. **정확성의 부재**

    중요도에 따라 가장 먼저 처리해야 하는 일이 무엇인지 잘 알지 못하면 중요도가 낮은 일을 하거나 아무 일도 하지 않게 될 가능성이 크다. 성공의 95%는 가장 중요한 목표가 무엇이고 그 목표를 달성하기 위해 매 순간 제일 먼저 해야 할 일이 무엇인지 명확하게 아는 것에서부터 시작된다.

2. **열정의 부재**

    얼마만큼 그것을 원하는가? 그 일을 시작하여 완수하고자 하는 강한 의지와 열정이 없다면, 그 일을 시작조차 하지 않을 것이다. 일을 미루고 여기에 대한 변명을 찾고 곧 업무를 시작할 거라고 스스로 다른 사람을 계속 안심시킨다.

3. **우선순위의 부재**

    해야 할 일을 중요도와 순서에 따라서 계획하고 조직하지 않았기 때문에 무엇을 먼저 해야 하는지 모를 수 있다. 결과적으로는 아무것도 하지 않게 된다.

4. 과도한 업무

종종 제한된 시간 동안 해야 할 업무가 지나치게 많을 수도 있다. 이렇게 되면, 두 손을 놓아버리고 "내일 하지 뭐" 하고 일을 뒤로 미루게 된다.

5. 준비성의 부재

일을 시작하고 끝마치는 데 필요한 것들이 제대로 갖춰지지 않았을 수 있다. 모든 준비가 다 갖춰진 다음에 일을 시작하기가 훨씬 수월하다.

6. 체력 부족

최상의 컨디션에서 최고의 성과를 내기 위해서는 건강하고 영양학적으로 균형 잡힌 식사를 하면서 매일 여덟 시간에서 아홉 시간 정도의 수면이 필요하다. 빈스 롬바르디 Vince Lombardi 도 말했듯이, "피로는 우리 모두를 겁쟁이로 만들어 버린다." 체력적으로 피곤하고 정신적으로 방전된 상태일 때에는, 일을 시작하여 끝내는 데 필요한 힘이 부족해지게 된다.

7. 지식의 부재

일을 시작하기 전에 필요한 사전 지식을 제대로 배우지 않아서 일을 어떻게 시작하고 또 무엇을 해야 하는지 알지 못하는 경우, 제대로 지식을 습득할 때까지 일을 미루게 된다.

8. 의지력 부재

지금까지 나열한 원인 중 아마 최악의 항목일 수 있다. 일을 시작하여 완수할 때까지 끌고 나가려는 의지가 부족할 수 있다는 의미이다.

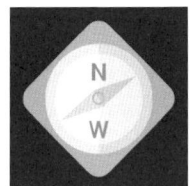
이 중 몇 개의 항목이 당신에게 적용되는가? 때에 따라 한두 가지는 모든 사람에게 적용이 될 것이다. 당신이 있는 분야에서 최고가 되려면 위에 나와 있는 항목을 경계하고 멀리해야 한다. 이러한 요소가 당신의 진정한 잠재력을 발휘하는 데 걸림돌로 작용할 수 있다.

행동 지향적인 사람이 되려면

미루는 습관을 고치고 더욱 중요한 업무에 집중하는데 적용할 수 있는 기술이 몇 가지 있다.

1. 체크 리스트를 만들어라.

계획 짜기에 실패하는 것은 실패를 계획하는 것과 마찬가지라는 사실을 들어보았을 것이다.

큰 업무에서 해야 할 일을 순서대로 조직하여 체크 리스트를 만들어라. 처음 해야 할 일과 마지막으로 해야 할 일에 순서대로 번호를 매겨라. 앞으로 달려갈 트랙을 설정해 놓음으로써 미루려는 경향을 효과적으로 억제할 수 있다.

2. 소시지 조각내기

소시지 한 덩이를 한 번에 입에 넣어 먹을 수는 없을 것이다. 대신 잘라서 한 조각씩 입에 넣을 수는 있다. 큰 업무에 직면하면 이 소시지 자르기 기술을 적용하라. 업무를 작은 단위로 쪼개어 하나씩 완수하라. 모든 것을 한 번에 할 필요는 없다. 작은 것부터 하라. 이렇게 조금씩 하면 일을 완수할 수 있다.

3. 스위스 치즈 기술

스위스 치즈에 나 있는 구멍을 떠올리며 업무에 구멍을 뚫어라. 그리고 다른 업무에는 손을 대지 말고 오직 구멍 낸 일만 5분에서 10분 정도 집중해서 처리하라. 해야 할 일을 살펴보고, 그중에서 하나의 업무를 고른 뒤, 열정적으로 이렇게 외쳐라. "이건 지금 끝내겠어!"

4. 2대 8 법칙을 사용하라.

업무의 20%가 모든 업무에서 80%의 중요도를 갖는다. 중요하게 처리해야 할 업무량 20%를 선택하라. 때때로, 기획이나 조직 같은 일이 전체 업무의 20%만 차지하더라도 업무의 중요도로 놓고 보면 80%를 차지할 수 있다.

5. 자신에게 보상하라.

   일을 시작하고 제대로 진행하여 마무리까지 잘 이끌어 갔을 때 자신에게 어떤 보상을 줄지를 정하라. 업무를 하나 제대로 완수하면 스스로 커피 한 잔을 선물할 수도 있고, 열 명의 고객에게 전화를 돌리고 나서 휴식 시간을 선물할 수도 있다. 목표하던 재정목표를 달성하면 밖에 나가 근사한 저녁 식사를 하라.

6. 다른 사람에게 말하고 다녀라.

   다른 사람에게 이 업무를 어느 시점까지 완수하겠다고 통보하라. 다른 사람이 지켜보고 있다는 사실을 인지하고 업무에 착수하면 스스로 동기부여를 더 쉽게 할 수 있다. 일을 시작하여 끝내는 것이 수월해지는 셈이다.

7. 당장 시작하라.

   이메일을 확인하고, 휴대전화를 들여다보고, 문자메시지함을 정리하기 전에 매일 아침 해야 할 업무를 먼저 처리하라.

8. 하나씩 집중하라.

가장 중요하게 처리해야 할 일을 선택해서, 그 업무를 100% 완수할 때까지 그것만 하라. 한 번에 하나씩 하는 기술은 지금까지 개발된 시간 관리 기술 중 효과가 가장 강력하게 입증된 기술이다.

승리자처럼 느껴라

사소한 업무라도 일을 완수하면 강한 엔도르핀이 뇌에서 분비된다. 이때 행복감과 성취감을 함께 느끼기 때문에, 이 느낌을 다시 느끼기 위해서라도 다음 단계의 업무를 하도록 스스로 동기를 부여한다.

최종적으로 당신에게 일을 맡겨도 괜찮은지 다른 사람에게 확신을 주어야 한다. 이런 명성을 쌓고 나면, 사람들은 당신에게 일을 맡기는 데 전혀 불안함을 느끼지 않는다. 따라서 일을 전적으로 당신에게 위임하고 당신이 일을 제대로 처리하여 완수하는지 감시하지 않는다. 이렇게 되면, 그다음부터 사람들은 당신에게 더 중요하고 더 큰 업무를 맡기려고 할 것이다. 어떤 목표를 잡던 당신이 그것을 시작해 끝까지 완수해 낸다는 사실을 다른 사람들도 알게 되면, 조직 내에서 당신의 영향력은 사람들 사이에서 보장된다.

> **미루는 습관은 완수되지 못한 업무만큼이나 피곤한 자연적 암살자다.**

- 윌리엄 제임스 William James

CHAPTER 13

평생 배우는 사람이 되어라

> "내일 당장 죽을 것처럼 오늘을 살고,
> 평생을 살 것처럼 배워라."
> - 마하트마 간디 Mahatma Gandhi

성공을 방해하는 최대의 적은 바로 의심이나 두려움 같은 부정적인 감정들이다. 당신은 먼저 당신이 멋지게 성공할 수 있는 능력을 갖추고 있음을 의심하고, 자신이 일을 남들보다 잘할 수 있다고 확신하지 못한다. 자기 의심은 다른 모든 부정적 감정 중에서 가장 파괴적인 힘을 가진다. 의심은 당신이 무언가를 시작해 보기도 전에 일을 포기하게 한다.

그다음, 아마 성공하지 못할 거라고 두려워한다. 실패에 대한 두려움은 성공에 방해될 뿐 아니라, 당신을 의식적으로 그리고 무의식적으로 앞으로 나아가지 못하게 붙잡아둔다. 그리고 앞으로 나아가려 할 때마다 당신을 넘어지게 할 것이다.

최상의 해결방법

의심과 두려움에서 헤쳐나올 수 있는 해결책은 바로 지식과 기술에 있다. 어떠한 분야던 다양한 지식을 얻을수록 성공에 대한 의심은 적어지게 되어 있다. 어떤 분야의 대가가 되면, 높은 자신감을 토대로 더 높은 곳에 도전하고 더 많은 것을 성취하려고 한다.

두려움을 이기는 해결책은 기술에 있다. 계획을 세우고 철저히 준비하고 반복적으로 연습하면, 스스로 그 일을 할 수 있다고 마음속 깊이 인지하게 된다. 그리고 마침내 온 정신을 그곳에 집중하여 일을 진행하게 할 수 있다.

평범한 사람과 비범한 사람은 사고방식에서 차이를 보인다. 그중 한 가지 차이는 바로 사고행위에서의 배경지식이다. 많은 사람이 필요한 정보를 충분히 모으지 않은 채 행동함으로써 실수를 저지른다. 결과적으로 원인도 알지 못한 채 실패하고 실수를 저지르고 도중에 넘어지게 되는 것이다.

그러나, 자신의 분야에 대해 충분한 지식과 정보를 얻으면 원하는 결과에 다다를 수 있는 올바른 의사결정을 내릴 수 있다. 그리고 자신의 결정에 대한 자신감이 붙는다.

자수성가한 백만장자들

2015년 포브스Forbes 기사에 따르면 미국 억만장자의 66%가 자수성가로 돈을 벌었다. 그들은 처음 거의 아무것도 손에 쥐어지지 않은 상태에서 시작해 10억 달러 이상의 자산가로 거듭났다. 그들 중 다수는 40세 미만이거나 몇몇은 30세도 되지 않은 젊은이이었다.

성공의 비결을 묻는 말에 많은 이들이 답은 지속적인 배움에 있다고 답했다. 그들은 마치 스펀지와 같아서 모든 경로를 통해 새로운 정보를 쉬지 않고 받아들였다. 배움을 통해 우연히 얻게 되는 아이디어 하나 혹은 통찰의 순간이 성공에 매우 결정적인 역할을 한다는 것이 그들의 입장이었다.

우연이란 존재하지 않는다

부자가 된 사람 중 이렇게 말하는 이들이 있다. "나는 그저 운이 좋았을 뿐이야." 그러나 실상을 제대로 살펴보면, 그들이 이전까지 다년간에 걸쳐 했던 행동과 준비작업이 그들의 성공에 상당한 이바지를 했음을 알 수 있다. 우연한 행운이란 없다. 다만, 성공은 확률의 문제다.

확률의 법칙에 따르면 어떤 일이든 일어날 가능성은 충분히 있다. 확률 방정식을 이용하면 어떤 일이 일어날 수 있는 확률값을 매우 정확하게 구할 수 있다.

간단히 말해, 다트판에 다트를 계속해서 반복적으로 던지면 처음에는 미숙했을지라도 결국 과녁의 정중앙을 맞히게 된다. 이때, 과녁의 정중앙을 맞추는 것은 운이 아닌 확률에 의한 것이다.

백만장자가 되라

2015년 스펙트럼Spectrum의 마켓 인사이트Market Insights지에 따르면 미국에만 백만장자가 1,000만 명 이상 있다. 당신도 백만장자 혹은 수백만 장자가 될 수 있다. 그러기 위해 해야 할 일은 백만장자가 되는 데 필요한 일을 조금씩 더 많이 하여 확률을 높이는 일이다.

확률을 높이기 위해 할 수 있는 일은 그물을 넓게 치는 것이다. 계속해서 지식과 기술의 영역을 넓혀나가고 새로운 정보를 받아들여라. 마치 여기에 당신의 미래가 좌우되기라도 한다는 듯이. 그리고 실제로 여기에 당신의 미래가 달려 있다.

워랜 버핏Warren Buffett도 하루의 80%를 읽고 공부하는 데 쓴다고 한다. 투자하기 전, 그는 시장에 나와 있는 제품과 서비스, 그리고 산업 자체에 대해서 누구보다 정보를 많이 가지고 의사결정을 내린다. 폭넓게 사전조사를 진행하면서 워랜 버핏은 자신이 무엇을 하고 있으며 왜 그것을 하는지 명확하게 알고 있다.

> 계속해서 지식과 기술의 영역을 넓혀나가고 새로운 정보를 받아들여라. 마치 여기에 당신의 미래가 좌우되기라도 한다는 듯이. 그리고 실제로 여기에 당신의 미래가 달려 있다.

일상 습관

대부분의 성공한 사람들은 매일매일 따르는 일상의 규칙 같은 것이 있다. 매일 지킬 수 있는 일상적인 습관이나 규칙을 만드는 것도 좋다. 매일 일상적으로 할 수 있는 일을 습관화 혹은 규칙화함으로써 목표를 성취하는 확률을 매일 조금씩 높일 수 있다.

예를 들어, 부자들은 일반적으로 건강에 신경을 쓴다. 그들은 일찍 잠자리에 들고 매일 밤 여덟 시간에서 아홉 시간의 수면을 취한다. 그리고 하루의 정해진 일과가 시작하기 보통 3시간 전에는 기상한다. 대체로 아침 6시 이전에 일어나는 편이다.

성공하는 사람들은 그날 해야 할 일을 미리 계획한다. 보통은 하루 전에 그 다음날 할 일을 모두 계획하여 목록을 만든다. 그리고 목록의 할 일을 우선순위에 따라 분류하고 그날 해야 할 가장 중요한 일을 고른다. 이를테면 새로운 일에 착수해야 할 때는 그 일을 먼저 목록에 적고 우선순위에 포함한다. 그날 해야 할 일들의 목록을 작성하는 일은 달릴 경로를 미리 설정하고 달리는 것과 같다. 이렇게 하면 스스로 보다 잘 제어할 수 있다.

계속 기술을 연마하라

성공한 사람들은 매일 배우는 습관을 지니고 있다. 그들은 매일 아침 30~60페이지씩 책을 읽는다. 이렇게 읽는 습관을 들이면 매주 한 권의 책을 읽을 수 있다. 그들은 자신의 분야에 좀 더 도움이 될 만한 책을 읽고 계속해서 업데이트되는 새로운 정보와 아이디어를 받아들이기 위해 인터넷 검색과 친하게 지낸다.

스티브 잡스 Steve Jobs는 다음의 매우 유명한 말을 했다. "인생이 어떻게 될지 너무 연연해 하지 않아도 됩니다. 그냥 언젠가 지금 하는 모든 인생의 점들이 미래에 서로 연결될 거라 믿으세요." 당신이 해야 할 일은 지속해서 더 많은 점을 연결하는 것이다. 더 많이 배워라. 더 많은 정보를 수집하라. 지금 수집하는 작은 정보가 미래에 완성할 그림 일부가 될 것이다. 새로운 정보는 또 다른 새로운 아이디어와 통찰의 씨앗이 된다.

어느 분야에서든 성공한 사람과 그렇지 못한 사람의 차이는 정보력에 있다. 성공한 사람들은 자신의 경쟁자보다 단순히 더 많은 정보를 가지고 있다. 그들은 더 많이 그리고 더 잘 알고 있다.

계속해서 당신이 해야 할 일은 지속해서
더 많은 점을 연결하는 것이다.
더 많이 배워라. 더 많은 정보를 수집하라.

요약본을 활용하라

시간이 많지 않기 때문에 책 요약본을 활용하라. Summary.com이나 GetAbstract.com을 이용하면 매달 나오는 최신 비즈니스 신간 요약본을 접할 수 있다. 스마트폰 앱인 Blinkist.com을 다운 받으면 그 주의 베스트셀러 책들을 15분 길이로 요약한 글을 접할 수 있다.

틈날 때마다 교육방송을 들어라. Audible.com은 현재 세계에서 교육방송 콘텐츠를 가장 잘 보유하고 있는 곳이기 때문에 활용하면 좋다. 앱을 다운받아 시간이 날 때마다 새로운 것을 들어라. 운전 중이나 운동할 때 혹은 걸어 다니는 시간에도 들어라. 새로운 아이디어가 기존의 지식과 교류할 때 그 가치는 엄청나게 불어난다.

"나는 그날 아침 일어나 잠자리에 들기 전보다
더 똑똑해져 있겠다고 항상 다짐한다."

추가로 강의를 들어라

추가로 강연이나 세미나, 워크숍에 참석하라. 해당 분야의 전문가나 실무에서 활발하게 활동하고 있는 사람의 강연에 참석하라. 세미나나 워크숍에서 강연을 들으면 혼자서 같은 내용을 학습하기 위해 몇 년 동안 힘들이지 않아도 된다.

무언가를 새로 배울 때는 노트필기를 하라. 중국 속담에 이런 말이 있다. "제일 연한 잉크가 가장 강력한 기억력보다 낫다." 에버노트Evernote를 스마트폰에 다운받아 강연내용을 저장할 수 있다. 그리고 기록한 내용을 정기적으로 살펴봐라.

당신이 아무리 똑똑하다 하더라도 새로운 정보를 완전히 암기하기 위해서는 적어도 여섯 번 정도 같은 내용을 봐야 한다. 노트 필기를 하고 필기한 내용을 정기적으로 살펴보면 기억력 또한 상당히 높아지게 된다. 머릿속 용량이 늘어나고 삶과 일의 질이 향상될 수 있다.

매일 더 똑똑해져라

포춘Fortune지에서 사십 년간 일했던 한 기자가 최근 은퇴를 했다. 지금까지의 공로에 바치는 헌사에 그녀와 직접 나눈 인터뷰 대화가 실렸다. 그들은 그녀가 수년간 변화를 만들어낼 수 있었던 원동력이 무엇인지 물었다. 여기에 그녀는 "저는 그날 아침 일어나 오늘 잠자리에 들기 전보다 더 똑똑해져 있겠다고 항상 다짐했습니다."라고 답했다.

당신도 이와 같이 하라. 습관으로 만들어라. 매일 새로운 것을 배우고 시도하라. 현재 많은 점을 뿌려 미래에 생각지도 못했던 새로운 그림을 그려라. 그렇게 함으로써 성공을 향한 확률을 높여나가라. 새로운 아이디어를 창출하고 더 높은 목표를 향해 달려가라. 새로운 아이디어와 통찰은 무언가를 시작해서 성공할 때까지 밀고 나가도록 당신을 계속 자극할 것이다.

> **"성공은 결과이지
> 목표가 아니다."**

\- 귀스타브 플로베르 Gustave Flaubert

CHAPTER 14

절대로 포기하지 마라

> "절대 시도하지 않는 포기는 있어도 실패란 없다.
> 내면에서 인정하지 않는 한 패배도 없다.
> 내면에서 목적을 잃지 않는다면
> 극복하지 못할 장애물 또한 없다."
> - 엘버트 허버드 Elbert Hubbard

1895년 성공지 SUCCESS magazine의 창업자이자 『전방으로 진출하라 Pushing to the Front』의 저자인 오리슨 스웨트 마든 Orison Swett Marden 은 모든 시대를 관통하는 불변의 성공원칙에 대해 언급한 적이 있다. 그는 성공하는 데 필요한 것은 두 가지라고 말했다. 하나는 시작하기(get-to-itiveness) 그리고 나머지는 굳게 버티기(stick-to-itiveness)이다. 이 두 요소를 내 말로 다시 표현하자면 "시작해서 끝까지 밀고 나가는 것"이다. 인내와 의지는 늘 만고불변의 성공요소였다. 시작하기도 어렵긴 하지만, 대다수 사람이 어떻게든 시작은 한다. 그러나 힘들고 어려울 때도 시작한 것을 끝까지 끌고 나가려면, 실패에 직면하고 좌절하더라도 자신을 추슬러 다시 도전할 수 있어야 한다. 버티는 것이 시작하는 것보다 어려운 일이다.

나폴레온 힐Napoleon Hill은 이렇게 말했다. "인간에게 있어 끈기란 강철에 있어 탄소와도 같다."

버틸수록 당신은 강해진다. 그리고 강해질수록 더 오래 버틸 수 있다.

끈기와 자기통제

끈기와 자기통제 사이에 어떤 직접적인 연관성이 있는 것처럼 여겨질 수 있다. 말하자면 끈기는 자기통제가 겉으로 드러나는 현상이다. 당신의 모든 세포가 이제 그만 포기하라고 말할 때, 당신을 끝까지 밀어붙이고 포기하지 말라고 타이르고 모든 역경에 맞서 당신을 이끌어 주는 것이 바로 끈기다.

빈스 롬바르디Vince Lombardi는 이렇게 말했다. "포기하는 자들은 절대 승리할 수 없고, 승리자들은 절대 포기하지 않는다."

끈기와 자부심, 자기존중, 자존심 사이에도 직접적인 연관성이 존재한다. 온갖 역경에도 불구하고 버텨낼수록 당신은 스스로 더 좋아하고 존경하게 될 것이다. 그러면 자신에 대한 믿음 또한 자연스럽게 강해진다.

끈기와 자부심, 자기존중, 자존심 사이에도
직접적인 연관성이 존재한다.

끈기를 길러라

끈기도 습관이다. 다른 모든 습관과 마찬가지로 내적으로 연습하고 반복하면 자연스럽게 길러질 수 있다. 끈기와 자기통제를 강화하는 모든 행동은 또 다른 행동에서 나타날 수 있는 끈기와 자기통제력을 강화한다. 마찬가지로 끈기 있게 버텨내고 자기를 통제하는 힘에서 실패를 맛보면 끈기와 자기통제력도 약화한다. 모든 것은 서로 연결되어 있다.

당신의 잠재의식은 매우 강력한 힘을 갖는다. 마치 정해진 시간에 당신이 원하는 대로 알람시계가 울리도록 설정해 놓듯이, 잠재의식을 미리 계획하여 이용할 수 있다. 끈기 있는 사람이 되고 싶다면 당신의 의식을 절대 포기하지 말라고 미리 설정하라. 설정하는 방식은 매우 간단하다. 스스로 "무슨 일이 일어나도, 나는 절대 포기하지 않는다"고 말하면 된다.

놀랍게도, 당신의 잠재의식은 이것을 명령으로 받아들인다. 마치 스마트폰에 타이머를 설정해놓는 것처럼. 그러면 실망스러운 상황이나 예상치 못한 장애물을 만날 때 평범한 사람은 곧 포기하지만, 당신은 잠재의식이 발현되어 당신에게 "절대 포기하지 마라"고 말하는 것을 듣게 된다. 자신에게 이렇게 말하게 될 것이다. "잠깐, 나는 절대 포기하지 않아."

책임자는 당신이다

넬슨 만델라 Nelson Mandela는 이렇게 말했다. "내가 이루어낸 성공으로 나를 판단하지 마시오. 내가 얼마나 많이 넘어졌다가 다시 일어섰는가로 나를 판단해 주시오."

멋지게 성공하는 것으로부터 당신을 막을 사람은 오직 한 사람, 바로 당신 자신이다. 절대로 포기하지 않겠다고 결심하면, 자동반사적으로 끈기가 생겨 어떤 고난이나 문제 상황이 와도 포기하지 않게 된다. 포기하지 않겠다고 생각하면, 그 생각이 곧 당신을 이끌어 이를 악물고 앞으로 나아가게끔 한다.

인생에서 성공하기 위해 끈기가 얼마나 중요한지 알고 있었기 때문에 나는 아이들이 자랄 때 잠재의식 설정 기법을 실험해보았다. 아이들이 어린 시절부터 나는 그들에게 반복적으로 이렇게 말했다. "나는 한 가지는 확실히 알아, 너는 포기하지 않는다는 거야."

주문을 계속 외쳐라

살면서 어떤 문제와 어려움을 만날 때도 그리고 스스로 실망하고 결과가 만족스럽지 못했을 때도, 참을성 있게 아이들의 말을 들어준 다음 이렇게 말했다. "나는 한 가지는 확실히 알아, 너는 포기하지 않는다는 거야."

효과가 있었다. 아이들은 자라서 행복하고 건강하며 자신감이 넘치는 어른이 되었다. 현재는 직장과 가족일로 바쁘게 일상을 보내고 있지만, 내 아이들은 무슨 일이 있어도 절대 포기하지 않는다. 포기하는 것은 아이들의 세상에서 고려 대상조차 되지 않았다. 그만두는 것은 있을 수 없는 일이다.

나이가 어느 정도 들었을 때, 내가 하던 잠재의식 설정을 자신들이 직접 하기 시작했다. "너는 절대 포기하지 않아"라고 말하는 대신, 스스로 "무슨 일이 있어도, 나는 절대 포기하지 않아."라고 말하기 시작한 것이다.

멈추지 않는 것

내 세미나에 참석했던 한 사람이 인생에서 성공하기 위해 가장 중요한 자질이 무엇이라고 생각하는지 내게 물었다. 잠시 생각해본 뒤 이렇게 말했다. "멈추지 않는 것입니다."

책의 초반부에서 나는 목표에 대해 배우고 나서 인생의 전환점을 맞이했다고 언급했었다. 그 이후 곧 나는 두 번째 전환점을 맞이했다. 내가 목표를 달성하기 위해 어떠한 기술이나, 자질, 습관을 원하기만 하면 배우고 습득할 수 있다는 사실을 깨달았을 때 전환점을 한 번 더 맞이했다. 끈기 있는 자질도 어떤 주제를 배우듯이 배우고 습득할 수 있다. 와우!

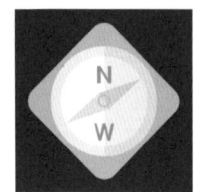

어떻게 멈추지 않는 것이 가능한가? 단지 "나는 멈출 수 없다!"라고 스스로 반복적으로 말하라. 그리고 어떤 일이 일어나도 목표를 이루기 전까지는 절대 멈추지 마라.

한계란 없다

당신은 고정된 존재가 아니다. 인간은 만들어져 가는 존재이다. 당신이 계속 생각하는 대로 당신의 능력이 개발되고 그쪽으로 머리가 발달하게 된다. 되고자 한다면 무엇이든 될 수 있다. 그리고 원하는 습관과 기술도 받아들이고 익힐 수 있다. 여기에 한계란 없다. 다만 당신 스스로 부여한 한계를 제외한다면 말이다.

   자신감 있고, 유능하고, 끈기 있고, 자신을 잘 통제할 수 있는 사람이 되고 싶다면 매일 그런 사람이 되도록 노력하면 된다. 앞으로 당신이 하고자 하는 것, 되고자 하는 것, 그리고 갖고자 하는 것에 한계는 없다. 자신 있게 시작해서 위대한 것을 성취할 때까지 계속 가라. 당신은 그러기 위해 태어났다.

> **창조적인 사람은
> 다른 사람을 이기려는 욕망이 아닌
> 성취하고자 하는 욕망으로 움직인다.**

— 아인 랜드 Ayn Rand

SUMMARY

살아있음을 느낄 멋진 시간

지금은 살아있음을 느낄 순간이다. 지금처럼 많은 사람에게 사업을 시작하고 자신만의 경력 분야에서 성공할 기회가 주어졌던 적이 없었다.

억만장자와 백만장자가 된 사람들의 숫자가 그 어느 때보다 빠르게 증가하고 있다.

평생 다 사용할 수 있는 것보다 더 많은 능력과 재능을 당신은 이미 가지고 있다.

목표를 분명하게 설정하고 종이에 써서 계획을 세우고 목표를 이룰 때까지 열심히 노력하면 이 세상에서 이루지 못할 것은 거의 없다.

당신 삶의 온전한 주인은 바로 당신 자신이다. 인생의 책임자는 당신이다. 어느 현명한 사람의 말처럼, "나가서 좋은 하루를 보내지 말고, 나가서 좋은 하루를 만들어라."

성공의 비밀은 언제나 변함없이 같았다. 시작한 다음 계속 밀고 나가는 것이다.

이 두 가지만 매일 제대로 한다면, 당신이 이룰 수 있는데 한계는 없다.

그냥 해라!

> **승자는**
> 신이 주신 재능을 알아보고,
> 노력해서 그 재능을
> 기술로 발전시키고
> **목표를 완수하기 위해**
> 사용하는 사람이다.

― 래리 버드 Larry Bird

저자에 대하여

브라이언 트레이시는 미국 캘리포니아 셀로나 해변에 있는 인력자원계발 회사 Brian Tracy International의 회장을 역임하고 있으며, 다수의 책과 800여 편 이상의 오디오 및 비디오 프로그램을 출판한 작가이다. 그의 저작은 40여 개 이상의 언어로 번역되어 60여 국가에서 이용해볼 수 있다. 지역사회에 관심을 갖고 활동하는 활동가이자 몇몇 비영리단체의 컨설턴트로도 활약하고 있다.

브라이언은 오늘날 세계에서 손꼽히는 유명강사이자 자기계발 훈련가로, 매년 25만 명 앞에서 리더십, 전략, 세일즈, 개인적 성공 및 사업성공 전략에 관한 강연을 펼친다. 그는 지금까지 5천 회 이상의 강연과 세미나를 전 세계 500만명을 대상으로 열었다.

그의 강연은 언제나 독특한 유머와 통찰, 정보, 영감으로 잘 버무려져 있다.

　브라이언은 현재 아내인 바바라와 4명의 아이와 함께 캘리포니아 솔라나 해변에 거주하고 있다. 그는 현재에도 종교학, 형이상학, 정치학, 경제학, 역사, 마케팅, 경영, 심리학, 인사관리 등을 열정적으로 공부하고 있는 학생이기도 하다. 그는 모든 사람은 무한한 가능성을 가지고 있으며 그것이 아직 발견되지 않았을 뿐이라고 믿는 사람이다. 가능성이 한번 발현되면 평범한 사람이 평생에 걸쳐 이루어내는 것을 단 몇 년 만에 이루어낼 수 있다고 말한다.

그냥, 닥치고 하라!
목표 설정과 실행

2016년 6월 7일 초판 인쇄 및 발행
2016년 7월 26일 개정판 인쇄 및 발행
2020년 2월 25일 개정증보판 인쇄 및 발행
2023년 7월 20일 개정증보판 2쇄 인쇄 및 발행

지은이 | 브라이언 트레이시
옮긴이 | 김수연, 이상진
펴낸이 | 홍재영
펴낸곳 | (주)도서출판 나무
편집장 | 이상진
주소 | 서울특별시 강남구 테헤란로 82길 15
전화 | 070-8610-6306
팩스 | 0504-170-7291
출판등록 | 제 25100-2013-000038호

ⓒ 2023 NAMU BOOKS, Inc.